Tous ensemble 3

Grammatisches Beiheft

von
Brigitte Schröder
und
Gudrun Tegethoff

ERNST KLETT SCHULBUCHVERLAGE
Stuttgart Leipzig

Salut, ça va?

Nous te présentons **Pauline** et **Maxime**.

> Moi, je suis Maxime.

> Bonjour, je m'appelle Pauline.

> Nous sommes en 3ème dans un collège à Lyon où nous apprenons l'allemand depuis 4 ans.
> Ce n'est pas facile, mais on adore quand-même l'allemand.

> Et toi, tu apprends le français. C'est sympa.
> Alors, bon courage et à bientôt dans *Tous ensemble!*

Pauline und Maxime werden dir ein paar Mal in diesem **Grammatischen Beiheft (GBH)** begegnen. Du erlebst sie jedes Mal in einer Situation, in der die Grammatik in **typischen französischen Redewendungen** erscheint.

Wenn du dir das jeweilige **Bild genau anschaust** und die kurzen **Äußerungen** von Pauline und Maxime **auswendig** lernst, dann hast du die Grammatik so gelernt, dass sie besser im **Gedächtnis** bleibt und sich besser einprägt. Das kann dir beim Französischsprechen sehr helfen, denn **beim Sprechen** fällt dir solch ein Satz eher ein als die Regel. Zum Beispiel:

> Tu **avais** quel âge sur ces photos?

> J'**avais** cinq ans.
> On **était** en vacances au bord de la mer.

– Tu **avais** quel âge sur ces photos?   – J'**avais** cinq ans. On **était** en vacances au bord de la mer.

In diesen beiden Sätzen von Pauline und Maxime steckt folgende Grammatik:

- **Ausgangsform** für die Bildung des *imparfait* ist der Stamm der **1. Person Plural Präsens**.
- An diesen Stamm hängt man die *imparfait*-Endungen **-ais, -ais, -ait, -ions, -iez, aient**, z.B. *nous av~~ons~~* → *j'avais*.

- Das *imparfait* wird gebraucht, um **Hintergrundinformationen** eines vergangenen Geschehens auszudrücken. (Was war damals?)

So einfach kannst du also die **Grammatik lernen**!

Das **Grammatische Beiheft** dient als Ergänzung zu deinem Französischbuch.
Es steht in enger Verbindung zum **Grammatischen Anhang (GA)**, der die Grammatik im Schülerbuch **kurz und übersichtlich** darstellt.

Aufbau der Lektionen

Im **Grammatischen Beiheft** findest du **ausführliche Regeln** und zusätzliche Informationen (z.B. Lerntipps) zu den einzelnen grammatischen Erscheinungen.
Mit Hilfe des **Grammatischen Beihefts** kannst du dir die Grammatik zunehmend **selbstständig aneignen**.
Auch beim Vorbereiten von **Klassenarbeiten**, bei den **Hausaufgaben** oder wenn du Lernstoff **wiederholen** möchtest, stellt dieses Heft eine wertvolle Hilfe dar.

Du findest im **Grammatischen Beiheft 3**:

- ein **Inhaltsverzeichnis** (S. 4): Hier kannst du nachschlagen, welche **Schwerpunkte** in den **Lektionen** behandelt werden.
- **Zoom sur la grammaire** (S. 6–9): Hier findest du eine **Übersicht** über die wichtigsten Grammatikthemen von *Tous ensemble 1* und *2*. Du kannst sie hier gezielt nachschlagen und wiederholen.
- **Révisions**: Nach jeweils 2 Lektionen wird dir eine **Kurzzusammenfassung** der behandelten grammatischen Inhalte gegeben.
- In dem Übungsteil **On fait des révisions** hast du die Möglichkeit, z. B. vor Klassenarbeiten, selbstständig zu üben. Ab Seite 56 findest du die Lösungen zu den Übungen.
- Eine Übersicht über **alle unregelmäßigen Verben und Verben mit Besonderheiten**, die du in *Tous ensemble 1, 2* und *3* kennen gelernt hast (S. 50).
- eine **Liste aller grammatischen Begriffe** (S. 53), aus *Tous ensemble 1, 2* und *3* mit Beispielen und den deutschen Entsprechungen.
- ein **Stichwortverzeichnis** (S. 55): Hier kannst du gezielt nach einem (grammatischen) **Begriff** suchen.

Viel Erfolg beim Nachschlagen und Arbeiten mit dem **Grammatischen Beiheft**.

Erklärung der Symbole:

W	**Wiederholung:** Hier wird an bereits bekannten Stoff erinnert.	!	Das Ausrufezeichen macht dich auf **besondere Schwierigkeiten, häufige Fehlerquellen oder Ausnahmen** aufmerksam.
N	**Neuer Lernstoff** wird anhand von Beispielen und Regeln dargeboten.	F/D/E	**Sprachvergleich:** Die französische Sprache wird mit der deutschen oder der englischen Sprache verglichen.
L	Hier werden dir **Lerntipps** gegeben.	⟨ ⟩	Die Grammatikteile in Winkelklammern sind **fakultativ**.
	Hier wird dir die deutsche Übersetzung von grammatischen Begriffen gegeben.		

trois **3**

Inhaltsverzeichnis

				Seite
Zoom sur la grammaire				**6**
LEÇON 1				
	G 1	*Une fête qui est super.*	Die Relativpronomen qui, que, où	**10**
A	G 2	*moi, toi, lui, elle …*	Die unverbundenen Personalpronomen	**11**
	G 3	*je finis, tu choisis …*	Die Verben auf -*ir* mit Stammerweiterung	**12**
B	G 4	*tout le, toute la …*	*Tout* als Begleiter des Nomens	**13**
LEÇON 2				
	G 5	*je me dépêche, tu t'organises …*	Die reflexiven Verben	**14**
A	G 6	*je bois, tu bois …*	Das Verb *boire*	**15**
B	G 7	*Je suis à Grenoble pour apprendre le français.*	Der Infinitivsatz mit *pour*	**15**
	G 8	*Je viens de me réveiller. Je suis en train de manger.*	*venir de faire qc* *être en train de faire qc*	**16**
C	G 9	*Il s'est reposé, elle s'est reposée.*	Die reflexiven Verben (*passé composé*)	**17**
Révisions 1 und **On fait des révisions.**				**18**
LEÇON 3				
	G 10	*je partais, tu partais …*	Das *imparfait*: die Bildung	**21**
A	G 11	*Il habitait à Arras.*	Das *imparfait*: der Gebrauch	**23**
B	G 12	*Il était seul à Paris. Mais hier, …*	*Imparfait* und *passé composé*	**24**
LEÇON 4				
	G 13	*N'exagère pas.*	Der verneinte Imperativ	**25**
A	G 14	*Téléphone-lui.*	Der Imperativ mit einem Pronomen	**26**
B	G 15	*Il est furieux. Elle est pensive.*	Adjektive auf -*if*/-*ive*, -*eux*/-*euse*	**27**
Révisions 2 und **On fait des révisions.**				**28**
LEÇON 5				
B	G 16	*Il dit que …* *Il demande si …*	Die indirekte Rede (2) Die indirekte Frage (2)	**31**
	G 17	*Je ne connais personne.*	Die Verneinung: *ne … personne*	**32**

4 quatre

Inhaltsverzeichnis

C	G 18	*je sais, tu sais…*	Das Verb *savoir*	33
	G 19	*Tu sais ou tu peux?*	Der Gebrauch von *savoir* und *pouvoir*	33
	G 20	*Tu en veux?*	Der Gebrauch von *en* (Menge)	34

LEÇON 6

	G 21	*Je suis plus grand que toi.*	Das Adjektiv: Komparativ und Superlativ	35
A	G 22	*Voilà le meilleur groupe du festival.*	Die Steigerung des Adjektivs *bon*	36
	G 23	*je conduis, tu conduis …*	Das Verb *conduire*	36
B	G 24	*Je viens d'Allemagne.*	Artikel bzw. Präpositionen bei Ländernamen	37
	G 25	*J'y vais, j'en viens.*	Der Gebrauch von *y* und *en* (örtlich)	38
C	G 26	*Où vas-tu?*	Die Inversionsfrage	39
	G 27	*Chacun prépare le pique-nique.*	Das Pronomen *chacun, chacune*	39
	G 28	*C'est un vieux village.*	Das Adjektiv *vieux*	40

Révisions 3 und **On fait des révisions.**				41

*	**Module 1** G 29	*Il avait parlé, elle était arrivée.*	Das Plusquamperfekt	45
	G 30	*Dites-le-moi.*	Der Imperativ mit zwei Pronomen	46
**	**Module 2** G 31	*Qui est-ce qui t'attend?*	Die Frage nach Personen	47
	G 32	*Qu'est-ce qui se passe?*	Die Frage nach Sachen	48
	G 33	*Je fais ce qui me plaît.*	Der Gebrauch von *ce qui* und *ce que*	49

Anhang	• Regelmäßige Verben auf: *-er, -dre;* Verben mit Besonderheiten	50
	• Verben auf *-ir*, reflexive Verben, unregelmäßige Verben	51
	• Verzeichnis der grammatischen Begriffe	53
	• Stichwortverzeichnis	55
	• Lösungen zu *On fait des révisions.*	56

* Die Durchnahme dieses Moduls ist im Bundesland Hessen verbindlich.
** Die Durchnahme dieses Moduls ist in den Bundesländern Bayern und Hessen verbindlich.

cinq **5**

Zoom sur la grammaire

Auf den folgenden vier Seiten findest du einen **Überblick** über alle wichtigen Grammatikthemen, die du in **Tous ensemble 1** und **2** kennen gelernt hast.

Verben

Verben auf -er
je	cherch	**-e**
tu	cherch	**-es**
il / elle / on	cherch	**-e**
nous	cherch	**-ons**
vous	cherch	**-ez**
ils / elles	cherch	**-ent**

Verben auf -dre
je	répond	**-s**
tu	répond	**-s**
il / elle / on	répon	**-d**
nous	répond	**-ons**
vous	répond	**-ez**
ils / elles	répond	**-ent**

Verben auf -ir
je	par	**-s**
tu	par	**-s**
il / elle / on	par	**-t**
nous	part	**-ons**
vous	part	**-ez**
ils / elles	part	**-ent**

Futur composé (aller + Infinitiv)
je	**vais**	regarder
tu	**vas**	chercher
il / elle / on	**va**	finir
nous	**allons**	prendre
vous	**allez**	faire
ils / elles	**vont**	manger

Imperativ
Ent**re**, Amélie.
Ent**rez**.
Ent**rons**.

Passé composé mit *avoir*
j'	**ai**	regard**é**
tu	**as**	fin**i**
il/elle/on	**a**	répond**u**
nous	**avons**	**pris**
vous	**avez**	**fait**
ils/elles	**ont**	**eu**

Passé composé mit *être*

je	suis	allé
tu	es	monté
il	est	tombé
on	est	resté**s**
nous	sommes	rentré**s**
vous	êtes	allé**s**
ils	sont	arrivé**s**

je	suis	allé**e**
tu	es	monté**e**
elle	est	tombé**e**
on	est	resté**es**
nous	sommes	rentré**es**
vous	êtes	allé**es**
elles	sont	arrivé**es**

Verneinung
Il **ne** parle **pas**.	nicht
Il **n'**a **rien** mangé.	nichts
Il **n'**a **pas encore** fait ses devoirs.	noch nicht
Il **n'**est **plus** avec Martine.	nicht mehr
Il **n'**est **jamais** content.	nie / niemals

Mengenangabe „kein":
Il **n'**y a **pas de** chocolat.	keine
Il **n'**y a **plus de** lait.	keine mehr

Unregelmäßige Verben
auf Seite 51/52

6 six

Zoom sur la grammaire

Unbestimmter Artikel
un, une, des

un copain	**une** copine
des copains	**des** copines

Demonstrativbegleiter
ce/cet, cette, ces

ce copain	**cette** copine
cet ami	
ces copains	**ces** copines

Bestimmter Artikel
le/l', la/l', les

le copain	**la** copine
l'hôpital	**l'e**nquête
les copains	**les** copines

Nomen und Begleiter

Teilungsartikel
du, de la, de l'

Elle prend **du** pain,
de la confiture et
de l' eau.

Begleiter *tout, tous, toute, toutes*

tout le week-end	**toute** la journée
tous les jours	**toutes** les semaines

Fragebegleiter *quel, quelle, quels, quelles*

quel copain …?	**quelle** copine …?
quels copains …?	**quelles** copines …?

Possessivbegleiter *mon, ma, mes, ton, ta, tes, son, sa, ses*
notre, votre, leur, nos, vos, leurs

Anzahl der Besitzer	bei männlichen Nomen	bei weiblichen Nomen		bei Nomen im Plural
		mit Vokal	mit Konsonant	
	mon copain	**mon** amie	**ma** copine	**mes** copains
	ton copain	**ton** amie	**ta** copine	**tes** amies
	son copain	**son** amie	**sa** copine	**ses** copines
	notre copain			**nos** copains
	votre amie			**vos** amies
	leur copine			**leurs** copines

sept **7**

Zoom sur la grammaire

Direkte Objektpronomen *me, te, nous, vous*

Tu	**m'**	invites à ta fête?	mich
Oui, je	**t'**	invite.	dich
Tu	**nous**	écoutes?	uns
Oui, je	**vous**	écoute.	euch

Indirekte Objektpronomen *me, te, nous, vous*

Tu	**me**	donnes le billet de train?	mir
Oui, je	**te**	donne ton billet.	dir
Maman, tu	**nous**	fais un dessert?	uns
Oui, je	**vous**	fais une salade de fruits.	euch

Pronomen

Direkte Objektpronomen *le, la, les*

Le portable? Je **le** cherche.
La bouteille? Je **la** cherche.

Les billets? Je **les** cherche aussi,
mais je **ne les** trouve **pas**.

Indirekte Objektpronomen *lui, leur*

Tu racontes l'histoire **au prof** / **à la directrice**?
Oui, je **lui** raconte tout.

Tu racontes l'histoire **à tes copains** et **à tes copines**?
Oui, je **leur** raconte tout.

Intonationsfrage

Papa prépare les quiches**?** Oui …/Non …

Frage mit *est-ce que*

Est-ce que papa prépare les quiches? Oui …/Non …

Fragen

Frage mit einem Fragewort

Qui	est-ce?	C'est **Frédéric**.
A qui	**est-ce que** tu penses?	Je pense **à mon copain**.
Avec qui	**est-ce qu'**il travaille?	Il travaille **avec sa copine**.
Qu'	**est-ce que** c'est?	C'est **un hôpital**.
Que	fait la commissaire?	**Elle interroge** le blessé.
De quoi	**est-ce qu'**ils parlent?	Ils parlent **de la lettre anonyme**.
Où	est Alex?	Il est **au commissariat**.
Où	**est-ce qu'**il va?	Il va **à Saint-Malo**.
Quand	**est-ce que** tu viens?	Je viens **à 6 heures**.
Pourquoi	**est-ce que** tu es en colère?	C'est **parce que** Manon n'a pas encore téléphoné.

Zoom sur la grammaire

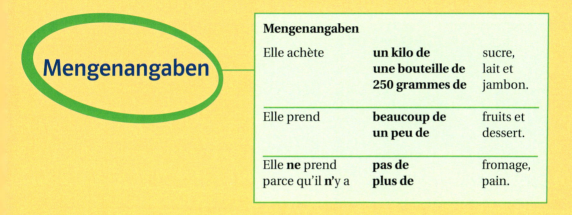

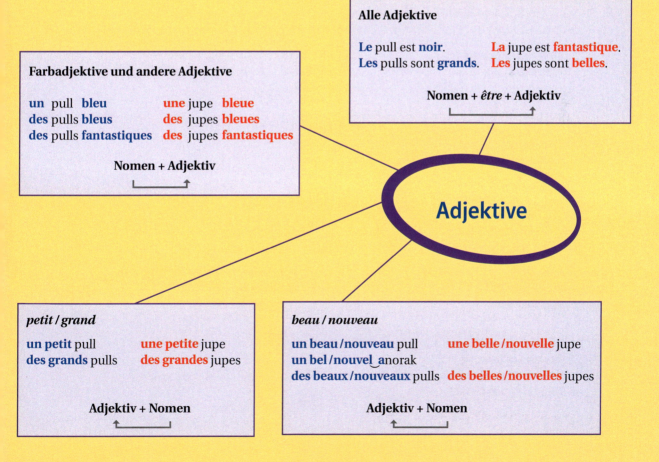

neuf 9

G1 *Une fête qui est super.* – Die Relativpronomen *qui, que, où*
Les pronoms relatifs *qui, que, où*

Regarde, là-bas! C'est le guitariste **qui** frime?

Mais non, c'est le guitariste **qu'**Estelle adore. Il est super!

Relativpronomen (bezügliche Fürworter) leiten immer einen **Relativsatz (=Nebensatz)** ein.

1. Das Relativpronomen *qui*

Les Loustiks sont des musiciens de Toulouse.	**Ils** cherchent un guitariste sur Internet.	
→ *Les Loustiks* sont des musiciens de Toulouse	**qui** cherchent un guitariste sur Internet.	… die …
Johnny est un guitariste.	**Il** écrit un e-mail aux *Loustiks*.	
→ Johnny est un guitariste	**qui** écrit un e-mail aux *Loustiks*.	… der …
	qui = Subjekt	

- *Qui* ist immer **Subjekt des Relativsatzes**. Auf *qui* folgt das **konjugierte Verb**.
- *Qui* bezieht sich auf **maskuline und feminine Nomen** (Personen und Gegenstände) **im Singular und Plural**.

2. Das Relativpronomen *que*

Les Loustiks attendent Johnny, le guitariste.	Estelle va leur présenter **ce guitariste**.	
→ *Les Loustiks* attendent Johnny, le guitariste	**qu'** Estelle va leur présenter.	… den …
Roland propose une chanson.	Tout le monde connaît **cette chanson**.	
→ Roland propose une chanson	**que** tout le monde connaît.	… das …
	que/qu' = Objekt	

- *Que* ist immer **das Objekt des Relativsatzes**. Deshalb folgt auf *que* meistens das Subjekt des Relativsatzes.
- *Que* bezieht sich auf **maskuline und feminine Nomen** (Personen und Gegenstände) **im Singular und Plural**.

> ❗ *Que* apostrophiere **vor a, e, i, o, u, y**, doch *qui* apostrophiere **nie**.

10 dix

3. Das Relativpronomen *où*

Johnny connaît la rue de Belfort.	**Dans cette rue,**	il y a la salle Dorémi.	
→ Johnny connaît la rue de Belfort	**où**	il y a la salle Dorémi.	… in der …

où = Ortsangabe

• *Où* steht anstelle einer **Ortsangabe**. Auf *où* folgt das **Subjekt des Relativsatzes**.

A G2 *moi, toi, lui, elle …* – Die unverbundenen Personalpronomen
Les pronoms personnels toniques

W Du kennst bereits die Personalpronomen *je, tu, il, elle, on, nous, vous, ils, elles.* Sie sind immer mit einem Verb verbunden und heißen daher auch **verbundene Personalpronomen.**

N Nun lernst du Personalpronomen kennen, die nicht unmittelbar mit einem Verb verbunden sind. Sie heißen daher auch **unverbundene Personalpronomen.**

1. Formen

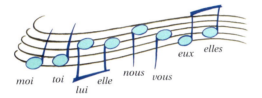

moi, toi, lui, elle, nous, vous, eux, elles

2. Gebrauch

Les Loustiks vont répéter avec Johnny.		Das **unverbundene Personalpronomen** steht:
Dany:	**C'est toi,** notre nouveau guitariste?	• **nach *c'est*,**
Johnny:	Oui, **c'est moi.** Je m'appelle Johnny.	
Estelle:	**Lui, il** joue de la guitare basse. Il s'appelle Louis.	• **vor dem Subjekt,** um es hervorzuheben,
	Et Dany. **Elle, elle** est à la batterie.	
Roland:	Et **nous, on** est arrivés à huit heures!	
Après la répétition		
Roland:	Qui va au concert de Zebda, le 21 juin?	• **allein** (in Sätzen ohne Verb),
Louis:	**Moi.** Et **vous,** les filles?	
Dany:	**Nous** aussi.	
Johnny pense:	C'est sympa de jouer avec *les Loustiks.*	• **nach einer Präposition** *(avec, pour, chez, sans, sur …).*
	J'aime répéter **avec eux.**	
	Mais **les filles** … **Pour elles,** je joue trop fort.	

L Achte auf die Verneinung bei den Sätzen ohne Verb. Hier fällt das *ne* von *ne … pas* weg:

– Qui va au concert? – **Pas moi.**

1

G3   *je finis, tu choisis ...* – Die Verben auf *-ir* mit Stammerweiterung
Les verbes en -ir

W   Du kennst bereits die Konjugation der Verben auf *-ir*: *dormir, partir, sortir, mentir, sentir* und deren Endungen: **-s, -s, -t, -ons, -ez, -ent**

N   Nun lernst du Verben auf *-ir* kennen, die eine **Stammerweiterung** aufweisen.

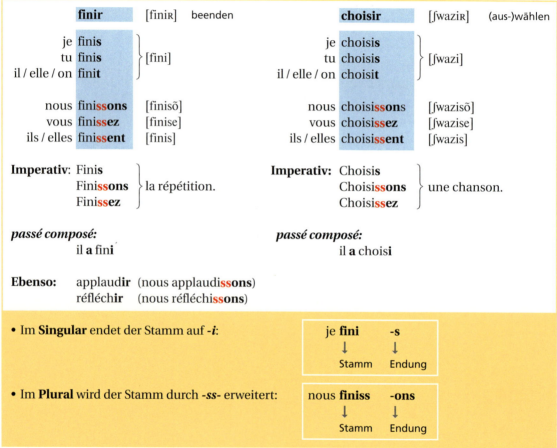

	finir [finiʀ] beenden		**choisir** [ʃwaziʀ] (aus-)wählen
je	fini**s**	je	choisi**s**
tu	fini**s** [fini]	tu	choisi**s** [ʃwazi]
il / elle / on	fini**t**	il / elle / on	choisi**t**
nous	fini**ssons** [finisõ]	nous	choisi**ssons** [ʃwazisõ]
vous	fini**ssez** [finise]	vous	choisi**ssez** [ʃwazise]
ils / elles	fini**ssent** [finis]	ils / elles	choisi**ssent** [ʃwazis]

Imperativ: Finis / Finissons / Finissez } la répétition.
Imperativ: Choisis / Choisissons / Choisissez } une chanson.

passé composé: il **a** fini
passé composé: il **a** choisi

Ebenso: applaudir (nous applaudi**ss**ons)
réfléchir (nous réfléchi**ss**ons)

- Im **Singular** endet der Stamm auf *-i*:   je **fini** | -s   (Stamm | Endung)
- Im **Plural** wird der Stamm durch *-ss-* erweitert: nous **finiss** | -ons   (Stamm | Endung)

L   Achte bei den **Verben auf *-ir*** besonders auf den **Plural** im Präsens:

ohne Stammerweiterung:	mit Stammerweiterung:
dormir	**finir**
nous dorm**ons**	nous fini**ssons**
vous dorm**ez**	vous fini**ssez**
ils/elles dorm**ent**	ils/elles fini**ssent**

Nous **finissons** le concert à quelle heure?

A 10 heures. Et après, nous **partons** au concert de Zebda.

12 douze

B G4 tout le, toute la … – *Tout* als Begleiter des Nomens
*Le déterminant **tout***

Il y a une ambiance d'enfer à Toulouse.
Tout le monde est dans la rue.

Il y a de la musique dans **toute la ville**.
C'est fantastique.

W Du kennst bereits folgende Begleiter des Nomens:

– den unbestimmten Artikel:	**un** livre	**une** radio	**des** cahiers
– den bestimmten Artikel:	**le** livre	**la** radio	**les** cahiers
– den Possessivbegleiter:	**mon** livre	**ma** radio	**mes** cahiers
– den Demonstrativbegleiter:	**ce** livre	**cette** radio	**ces** cahiers

N Nun lernst du den Begleiter ***tout*** kennen.

Les musiciens jouent dans	**tout**	**le**	quartier,	… **im ganzen** Viertel
pendant	**toute**	**la**	soirée.	… während **des ganzen** Abends.
A la Fête de la Musique,	**tous**	**les**	groupes jouent	… **alle** Musikgruppen …
dans	**toutes**	**les**	rues de Toulouse.	… in **allen** Straßen …

- ***Tout*** ist veränderlich und richtet sich wie alle Begleiter in Geschlecht und Zahl nach dem Nomen, auf das es sich bezieht *(la semaine → toute la semaine)*.

- ***Tout*** + **bestimmter Artikel** hat im Deutschen zwei Übersetzungen:

  im Singular: **tout le** / **toute la** } der/die/das ganze   **im Plural:** **tous les** / **toutes les** } alle

- In der Aussprache hört man keinen Unterschied zwischen ***tout – tous*** [tu] und ***toute – toutes*** [tut].

tout le magasin	[**tu**ləmagazɛ̃]	**toute** la rue	[**tut**lary]
tous les magasins	[**tu**ləmagazɛ̃]	**toutes** les rues	[**tut**lery]

- Nach ***tout*** können statt der Artikel ***le, la, les*** auch die Possessivbegleiter *(mon …)* oder die Demonstrativbegleiter *(ce …)* stehen, z.B.: **tous *mes* copains**, **toutes *ces* chansons**.
  (alle meine Freunde)   (alle diese Lieder)

treize **13**

LEÇON 2

G 5   *je me dépêche, tu t'organises …* – Die reflexiven Verben
Les verbes pronominaux

J'en ai marre. Il faut **se dépêcher** tous les matins.

Moi, **je me lève** à 6 heures, comme ça, **je ne me dépêche pas.**

Im Französischen gibt es (wie im Deutschen) Verben, die immer mit einem **Pronomen** verbunden sind.

Diese Verben heißen: **reflexive Verben**   **je me** lave   Das *me* bezieht sich auf *je*.
Die Pronomen heißen: **Reflexivpronomen**   ich wasche mich   *Me* und *je* bezeichnen dieselbe Person.

se dépêcher	sich beeilen		**s'organiser**	sich organisieren
je **me** dépêche		je **m'** organise
tu **te** dépêches		tu **t'** organises
il / elle / on **se** dépêche		il / elle / on **s'** organise
nous **nous** dépêchons		nous **nous** organisons
vous **vous** dépêchez		vous **vous** organisez
ils / elles **se** dépêchent		ils / elles **s'** organisent

Ebenso: se demander (si), **se** retrouver   **Ebenso: s'**amuser, **s'**occuper (de)

- **Reflexive Verben** sind Verben, die immer von einem **Pronomen** begleitet werden: *se dépêcher* – **sich** beeilen, *s'amuser* – **sich** amüsieren.

- Die Reflexivpronomen *me, te, se* werden vor Vokal oder stummem *h* zu *m', t'* und *s'*: je *m'*habille, tu *t'*amuses, il *s'*organise.

- Bei der Verneinung umschließt *ne … pas* das Reflexivpronomen **und** das Verb.

     Je **ne me lève pas** .

F/D   Beachte die unterschiedliche Stellung.
Im Französischen steht das Reflexivpronomen vor dem Verb, im Deutschen hinter dem Verb.

ils **se** lavent
sie waschen **sich**

Reflexive Verben = rückbezügliche Verben   Reflexivpronomen = rückbezügliche Fürwörter

14 quatorze

2

A G6 *je bois, tu bois …* – Das Verb *boire*

*Le verbe **boire***

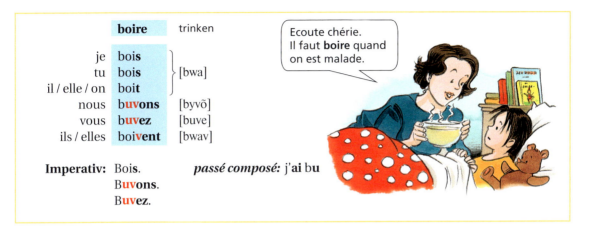

	boire	trinken
je	bo**is**	
tu	bo**is**	[bwa]
il / elle / on	boi**t**	
nous	b**uv**ons	[byvõ]
vous	b**uv**ez	[buve]
ils / elles	boi**vent**	[bwav]

Imperativ: Bo**is**.
B**uv**ons.
B**uv**ez.

passé composé: j'**ai** b**u**

Ecoute chérie. Il faut **boire** quand on est malade.

B G7 *Je suis à Grenoble pour apprendre le français.* – Der Infinitivsatz mit *pour*

***Pour** + infinitif*

W Aus *Tous ensemble 1* und *2* kennst du bereits Verben und Ausdrücke, nach denen im Französischen der Infinitiv steht: *aimer faire qc, préférer faire qc, vouloir faire qc, pouvoir faire qc, il faut faire qc*.

Les Loustiks	**veulent**	**jouer**	à la Fête de la Musique.	wollen … spielen
Mais avant,	**il faut**	**trouver**	un nouveau guitariste.	man muss … finden

N Mit der Wendung *pour* + Infinitiv kannst du eine Absicht (um … zu) ausdrücken.

Je joue de la guitare **pour** **m'amuser**. Et toi?

Moi, je fais de la musique **pour** **gagner** beaucoup d'argent.

Hauptsatz + pour + Infinitiv + Ergänzung

- Im Französischen steht *pour* + **Infinitiv** immer **vor** der Ergänzung.
  Im Deutschen steht der Infinitiv mit „zu" **nach** der Ergänzung.

  *Je suis à Paris **pour apprendre** le français.*

  Ich bin in Paris, **um** Französisch **zu lernen**.

quinze **15**

2

G 8 *Je viens de me réveiller.* – *venir de faire qc*
Je suis en train de manger. – *être en train de faire qc*

W Mit der Wendung *aller faire qc (futur composé)* kannst du Handlungen ausdrücken, die in der Zukunft liegen.

> Il **va acheter** des chips.
> Nous **allons jouer** au foot.

N Weitere **Wendungen mit Infinitiv** gibt es 1. für die **Gegenwart**,
2. für die (unmittelbare) **Vergangenheit**.

un peu avant — maintenant — après

Il **vient de** se réveiller. | Il **est en train de** prendre son petit déjeuner. | Il **va** aller à Grenoble.

1. être en train de faire qc (→ findet jetzt statt)

– Vous vous dépêchez?
J'ai commandé une pizza. – Oui maman, **nous sommes en train de mettre** la table.
– Antoine, tu viens manger? – Attends, **je suis en train de téléphoner** à Luc.

être + en train de + Infinitiv

Mit der Wendung *être en train de faire qc* kannst du ausdrücken, dass jemand **gerade dabei ist etwas zu tun**.

F/E Im Englischen gibt es eine ähnliche Wendung: die *present progressive form*.
Il **est en train de regarder** la télé. He **is watching** TV.

2. venir de faire qc (→ hat gerade eben stattgefunden)

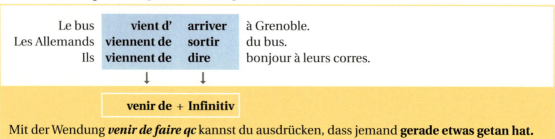

Le bus **vient d' arriver** à Grenoble.
Les Allemands **viennent de sortir** du bus.
Ils **viennent de dire** bonjour à leurs corres.

venir de + Infinitiv

Mit der Wendung *venir de faire qc* kannst du ausdrücken, dass jemand **gerade etwas getan hat**.

16 seize

2

C G 9   *Il s'est reposé, elle s'est reposée.* – **Die reflexiven Verben** *(passé composé)*

*Les verbes pronominaux au **passé composé***

W   Du weißt bereits aus G 5, dass reflexive Verben immer mit einem Reflexivpronomen verbunden sind. Die Konjugation der reflexiven Verben ist dir im Präsens bekannt: *je me repose*.

N   Nun lernst du das *passé composé* der reflexiven Verben kennen.

je	me	suis	reposé		je	me	suis	reposé**e**
tu	t'	es	reposé		tu	t'	es	reposé**e**
il	s'	est	reposé		elle	s'	est	reposé**e**
on	s'	est	reposé**s**		on	s'	est	reposé**es**
nous	nous	sommes	reposé**s**		nous	nous	sommes	reposé**es**
vous	vous	êtes	reposé**s**		vous	vous	êtes	reposé**es**
ils	se	sont	reposé**s**		elles	se	sont	reposé**es**

- **Reflexive Verben** bilden immer das *passé composé* mit dem Hilfsverb *être.*

- Das *participe passé* der reflexiven Verben **wird angepasst,** d. h. wie auch bei den anderen Verben, die mit *être* konjugiert werden, richtet es sich in Geschlecht und Zahl nach dem Subjekt.

Subjekt:		*participe passé:*
eine männliche Person	→	**-**
eine weibliche Person	→	**-e**
mehrere männliche Personen	→	**-s**
mehrere weibliche Personen	→	**-es**
aber:		
männliche und weibliche Personen	→	**-s**

F/D
- Im Französischen werden die reflexiven Verben mit dem Hilfsverb *être* gebildet. Im Deutschen dagegen stehen die Formen von **haben**.

  Nous **nous sommes** amusés.
  Wir **haben uns** amüsiert.

- Wie du bereits weißt, kann das Personalpronomen **on** im Deutschen man oder wir bedeuten. Wenn **on** im *passé composé* im Sinne von wir verwendet wird, musst du das *participe passé* angleichen.

!	mehrere männliche Personen	→	**on** s'est reposé**s**
	männliche und weibliche Personen	→	**on** s'est amusé**s**
	mehrere weibliche Personen	→	**on** s'est reposé**es**

dix-sept **17**

Révisions 1

Relativpronomen   G 1

Die **Relativpronomen** *qui*, *que* und *où* leiten **Relativsätze** (= **Nebensätze**) ein.

Les Loustiks sont des musiciens de Toulouse	**qui**	cherchent un guitariste sur Internet.
Johnny est le guitariste	**qu'**	Estelle trouve sur Internet.
Ils sont dans la salle	**où**	ils vont répéter.

qui = Subjekt   **que/qu'** = Objekt   **où** = Ortsangabe

Unverbundene Personalpronomen   G2

Die **unverbundenen Personalpronomen** *moi, toi, lui, elle, nous, vous, eux, elles* sind nicht unmittelbar mit einem Verb verbunden.

Les Loustiks:
1. – Enfin, c'est **toi**, Johnny.
Johnny:
2. – Vous êtes toujours à l'heure. Pas **moi**.
3. – Les garçons, **eux**, ils ne sont jamais en retard.
 Les filles, **elles**, elles se dépêchent toujours.
4. – Mais vous savez, j'aime vraiment répéter avec **vous**.
Les Loustiks:
 – Sans **lui**, on ne peut pas jouer à la Fête de la Musique.

Verwendung:
1. **nach *c'est***,

2. **allein** (in Sätzen ohne Verb),
3. **zur Hervorhebung des Subjekts**,

4. **nach einer Präposition**.

Begleiter *tout, toute, tous, toutes*   G4

Singular	**tout le** week-end	**toute la** journée
Plural	**tous les** jours	**toutes les** semaines

18 dix-huit

Révisions 1

boire   G6

je	bo**i**s
tu	bo**i**s
il/elle/on	bo**i**t
nous	b**uv**ons
vous	b**uv**ez
ils/elles	boi**v**ent

passé composé: j'ai **bu**

Verben auf -*ir* mit Stammerweiterung   G3

réfléchir nachdenken

je	réfléchi**s**
nous	réfléchi**ss**ons
vous	réfléchi**ss**ez
ils/elles	réfléchi**ss**ent

passé composé: il **a** réfléch**i**

applaudir klatschen

j'	applaudi**s**
nous	applaudi**ss**ons
vous	applaudi**ss**ez
ils/elles	applaudi**ss**ent

passé composé: il **a** applaud**i**

Ebenso: fin**ir** (nous fini**ss**ons), chois**ir** (nous choisi**ss**ons)

Reflexive Verben im Präsens   G5

se dépêcher sich beeilen

je	**me**	dépêche
tu	**te**	dépêches
il/elle/on	**se**	dépêche
nous	**nous**	dépêchons
vous	**vous**	dépêchez
ils/elles	**se**	dépêchent

Ebenso: se demander, **se** retrouver

s'occuper sich kümmern

je	**m'**	occupe
tu	**t'**	occupes
il/elle/on	**s'**	occupe
nous	**nous**	occupons
vous	**vous**	occupez
ils/elles	**s'**	occupent

Ebenso: s'organiser, **s'**amuser, **s'**excuser

Verneinung: Je **ne me** lève **pas**.

Reflexive Verben im *passé composé*   G9

je	**me**	suis	reposé
tu	**t'**	es	reposé
il	**s'**	est	reposé

je	**me**	suis	repos**é**e
tu	**t'**	es	repos**é**e
elle	**s'**	est	repos**é**e

nous	**nous**	sommes	repos**é**s
vous	**vous**	êtes	repos**é**s
ils	**se**	sont	repos**é**s

nous	**nous**	sommes	repos**é**es
vous	**vous**	êtes	repos**é**es
elles	**se**	sont	repos**é**es

on	**s'**	est	repos**é**s

on	**s'**	est	repos**é**es

dix-neuf **19**

On fait des révisions.

Hier kannst du kontrollieren, ob du die Grammatik aus den Lektionen 1 und 2 beherrschst. Lösungen auf S. 56.

Verben

A boire
*Complète avec **boire**.*
1. J'ai soif. On ? quelque chose? 2. D'accord, nous ? un coca. 3. Ah non, je n'aime pas le coca, je ? de l'eau.

B Verben auf -*ir*
*Complète avec **choisir, réfléchir, finir, applaudir**.*
a *choisir* 1. *Les Loustiks* font une répétition. Ils ? plusieurs chansons et ils les jouent avec les deux guitaristes. 2. Après la répétition, les musiciens doivent ? entre Johnny et Pablo. 3. Alors, on ? quel guitariste? 4. Moi, je ? Johnny et vous, vous le ? aussi?
b *réfléchir* 1. Nous devons prendre une décision. Alors, (Imperativ) ? bien. 2. Moi, j' (p.c.) ? : c'est Johnny.
c *finir, choisir, applaudir* 1. Le groupe ? la répétition à 9 heures. 2. Ils (p.c.) ? un bon guitariste. 3. A la Fête de la Musique, les gens ? , quand Johnny (p.c.) ? son morceau préféré.

C reflexive Verben
a *Complète avec **se réveiller, se lever, se doucher, s'habiller et se dépêcher** (au présent).*
1. Tous les matins, Félix ? tôt, il ? tout de suite, il ne ? pas, il ne ? pas, mais il ? pour prendre son petit-déjeuner … sans stress.
2. Félix et Antoine racontent: Tous les matins, **nous** … (*continue*)
b *Mets le texte au **passé composé**.*
1. Le vendredi avant son départ à Grenoble, Moritz *se couche* tard. 2. Alors, le lendemain, il *se réveille* trop tard. 3. Il *se dépêche* et sa mère *s'occupe* de son pique-nique pour le voyage. 4. A sept heures, Moritz et ses copains *se retrouvent* devant l'école. 5. Dans le bus, tout le monde *s'amuse*. 6. Mais Mme Keck, leur prof, *ne s'énerve pas*.

Nomen und Begleiter

D Begleiter *tout, toute, tous, toutes*
*Complète avec **tout le, toute la, tous les, toutes les**.*
1. Pendant leur séjour à Grenoble, ? jeunes d'Ulm s'amusent bien. 2. ? jours, ils vont au collège avec leurs correspondants. 3. Pour la fête d'adieu, ? garçons s'occupent du buffet et ? filles préparent la musique. 4. ? semaine s'est vraiment bien passée. 5. ? monde est triste de partir.

Pronomen

E unverbundene Personalpronomen
*Complète avec **les pronoms toniques (moi, toi, lui, elle …)**.*
1. *Louis:* Johnny, j'ai une surprise pour ? . On va jouer à la Fête de la Musique, tu viens avec ? ?
2. *Johnny:* Super! Vous pouvez compter sur ? 3. Et ? , Myriam et Lisa, vous venez aussi avec ? ?
4. *Myriam:* Waouh! ? , tu joues à Toulouse? D'accord, Lisa et ? , on va aller à Toulouse pour t'applaudir.

F Relativpronomen
*Complète avec **qui, que, qu'** et **où**.*
C'est une fête ? tout le monde connaît en France.
C'est une fête ? est en juin.
C'est une fête ? on aime bien en France.
C'est une fête ? on peut rencontrer beaucoup de musiciens.
Quelle est cette fête?

20 vingt

LEÇON 3

G10 *je partais, tu partais ...* – Das *imparfait*: die Bildung
La formation de l'imparfait

W Bisher kennst du drei Zeitformen des Verbs:

le présent:	je mang**e**	(Gegenwart)
le futur composé:	je **vais** mang**er**	(zusammengesetzte Zukunft)
le passé composé (avec avoir):	j'**ai** mang**é**	
(avec être):	il **est** arriv**é**	(zusammengesetzte Vergangenheit)
	elle **est** arriv**ée**	

N Nun lernst du eine **zweite Zeitform** der **Vergangenheit** kennen, das *imparfait*.

Bildung des *imparfait*:

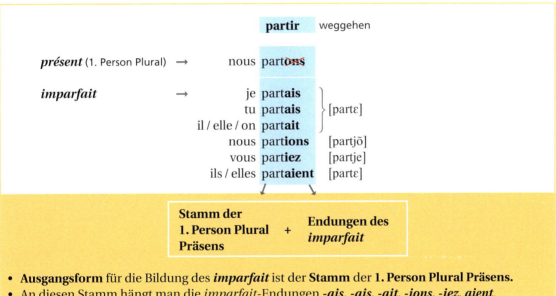

- **Ausgangsform** für die Bildung des *imparfait* ist der **Stamm** der **1. Person Plural Präsens**.
- An diesen Stamm hängt man die *imparfait*-Endungen *-ais, -ais, -ait, -ions, -iez, aient*.

vingt et un 21

3

Diese Regel gilt für **alle regelmäßigen Verben** (auf *-er, -ir, -dre*) und für die reflexiven Verben.

choisir	nous **choisiss**~~ons~~	entendre	nous **entend**~~ons~~	se lever	nous nous **lev**~~ons~~
	je **choisiss**ais		tu **entend**ais		il se **lev**ait

Die Regel gilt auch für **die meisten unregelmäßigen Verben**.

avoir	nous **av**~~ons~~	prendre	nous **pren**~~ons~~	dire	nous **dis**~~ons~~
	j' **av**ais		tu **pren**ais		elle **dis**ait
vouloir	nous **voul**~~ons~~	faire	nous **fais**~~ons~~	(re)venir	nous **(re)ven**~~ons~~
	nous **voul**ions		vous **fais**iez [føzje]		ils **(re)ven**aient

Ausnahme:

		être	sein
présent →	nous	**sommes**	
imparfait →	j'	**ét**ais	
	tu	**ét**ais	[etɛ]
	il / elle / on	**ét**ait	
	nous	**ét**ions	[etjɔ̃]
	vous	**ét**iez	[etje]
	ils / elles	**ét**aient	[etɛ]

Achte auf die **besondere Schreibweise** bei den Verben commen**c**er und man**g**er!

		commencer	anfangen
présent →	nous	commen**ç**~~ons~~	
imparfait →	je	commen**ç**ais	
	tu	commen**ç**ais	[kɔmɑ̃sɛ]
	il / elle / on	commen**ç**ait	
	nous	commen**c**ions	[kɔmɑ̃sjɔ̃]
	vous	commen**c**iez	[kɔmɑ̃sje]
	ils / elles	commen**ç**aient	[kɔmɑ̃sɛ]

		manger	essen
présent →	nous	man**ge**~~ons~~	
imparfait →	je	man**ge**ais	
	tu	man**ge**ais	[mɑ̃ʒɛ]
	il / elle / on	man**ge**ait	
	nous	man**g**ions	[mɑ̃ʒjɔ̃]
	vous	man**g**iez	[mɑ̃ʒje]
	ils / elles	man**ge**aient	[mɑ̃ʒɛ]

Ebenso: partager (je parta**ge**ais, nous parta**g**ions)

A G11 *Il habitait à Arras.* – Das *imparfait*: der Gebrauch
L'emploi de l'imparfait

Là, c'est moi quand **j'étais** petite.

Vous **habitiez** où?

Il y a cinq ans, j'**habitais** à Toulouse. On **habitait** près de l'école, alors on **partait** à huit heures et quart de la maison.	Das *imparfait* wird gebraucht, um **Hintergrundinformationen**, **Begleitumstände** und **Erklärungen** eines **vergangenen Geschehens** auszudrücken. Der Sprecher/Die Sprecherin … • … schildert eine **Situation** in der Vergangenheit / gibt **Hintergrundinformationen**, (Was war damals?)
J'**aimais** bien le sport. Je **rêvais** de devenir prof de sport.	• … beschreibt einen **Zustand**, (Wie war es?)
Je **sortais** souvent avec mes copains. Mes parents **disaient** toujours: «D'abord l'école!»	• … beschreibt **gewohnheitsmäßige Handlungen**, (Was sagten / taten sie gewöhnlich?)
Ma copine **était** belle.	• … beschreibt **Personen**. (Wie sah jemand aus?)

vingt-trois **23**

3

B G12 *Il était seul à Paris. Mais hier, ...* – *Imparfait* und *passé composé*

L'imparfait et le passé composé

Mit dem *imparfait* und dem *passé composé* hast du zwei Zeiten der Vergangenheit kennengelernt. Beide Zeiten können in einem Text vorkommen, aber sie haben eine **unterschiedliche Funktion**.

1.
Didier **était** à Paris depuis deux semaines. Il **avait** une chambre dans une auberge de jeunesse. Il **partageait** sa chambre avec des Allemands. **Tous les matins**, il **prenait** sa douche et il **faisait** son lit. Il **allait souvent** au café pour le petit déjeuner et il **regardait** les gens dans la rue. Il **attendait** une réponse du casting.

2.
Un jour, il **a rencontré** Marie. **D'abord**, il **a discuté** avec elle. | **Puis**, ils **sont allés** au Sacré-Cœur. | **Ensuite**, ils **ont mangé** une glace.

1. Imparfait	2. Passé composé
Hintergrund: Zustand, Gewohnheit	**Vordergrund: einmalige Ereignisse**
Das *imparfait* wird gebraucht, um **erklärende** und **erläuternde Informationen** zur Handlung (= **Hintergrund**, der die **Begleitumstände** eines Ereignisses näher beschreibt) zu geben.	Das *passé composé* wird gebraucht, um **einmalige Handlungen** und **Ereignisse** in der Vergangenheit (= **Ereignisse**, die im **Vordergrund** ablaufen) zu erzählen.
Was **war** damals? Wie **war** die **Situation**, die **Stimmung**? Was **geschah häufig** oder **regelmäßig**?	Was geschah **dann**? Und **anschließend**? Was passierte **plötzlich**?
Signalwörter:	
toujours souvent tous les matins chaque matin/soir tous les soirs parfois	d'abord tout à coup ce matin/soir puis ensuite cette fois enfin un jour

24 vingt-quatre

LEÇON 4

G13 *N'exagère pas.* – Der verneinte Imperativ
L'impératif négatif

W Du kennst bereits den **bejahten Imperativ,** die Befehlsform des Verbs, und weißt, dass er die gleiche Form hat wie:

Präsens → Imperativ

- die 1. Person Singular:
  - j'ouvr**e** → Ouvr**e** la porte.
    Öffne die Tür!
  - je vien**s** → Vien**s** avec moi.
    Komm mit mir!

- die 1. Person Plural:
  - nous fais**ons** → Fais**ons** les courses maintenant.
    Lasst uns jetzt die Einkäufe machen!

- die 2. Person Plural:
  - vous arrêt**ez** → Arrêt**ez** la musique, s'il vous plaît.
    Macht bitte die Musik aus!
    Machen Sie bitte die Musik aus!

Eine Ausnahme bildet der Imperativ von **aller**:

Ausgangsformen:

je **vais** → **Va**
nous all**ons** → All**ons** } faire les courses.
vous all**ez** → All**ez**

N Nun lernst du den **verneinten Imperativ** kennen.

Laïla,	**n'**	exagère	**pas** .
	Ne	sor**s**	**pas** comme ça.
	Ne	met**s**	**pas** ce T-shirt.
	Ne	cherch**ons**	**pas** la dispute.

ne/n' + Imperativ + pas

- Bei der **Verneinung** umschließen die Verneinungswörter *ne … pas* den **Imperativ.**

vingt-cinq **25**

4

A G14 *Téléphone-lui.* – Der Imperativ mit einem Pronomen
L'impératif avec un pronom

Wird der **Imperativ mit einem Pronomen** verbunden, so hängt dessen Stellung (**vor** oder **nach dem Verb** im Imperativ) davon ab, ob der Imperativ bejaht oder verneint ist.

1. Der bejahte Imperativ mit einem Pronomen

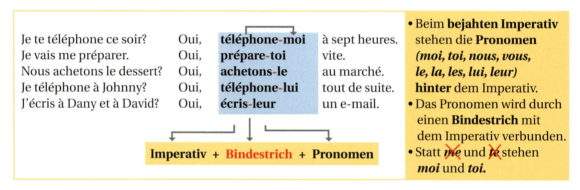

2. Der verneinte Imperativ mit einem Pronomen

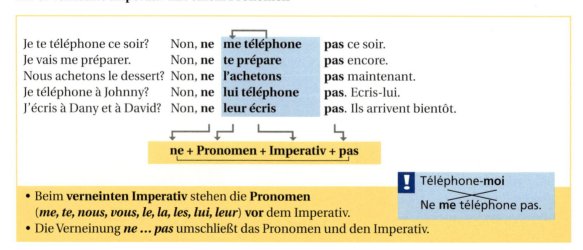

- Beim **verneinten Imperativ** stehen die **Pronomen** (*me, te, nous, vous, le, la, les, lui, leur*) **vor** dem Imperativ.
- Die Verneinung *ne … pas* umschließt das Pronomen und den Imperativ.

4

B G15 *Il est furieux. Elle est pensive.* – Adjektive auf *-if/-ive, -eux/-euse*
Les adjectifs en -if/-ive, -eux/-euse

W Das **Femininum der Adjektive** wird in der Regel durch Anhängen des Buchstabens *-e* gebildet.

| grand | grande | → | Anhängen des Buchstabens *-e*. |

Adjektive, deren maskuline Form bereits auf *-e* endet, bleiben unverändert, z. B.:

| jaune | jaune | → | Maskulinum + Femininum enden auf *-e*. |

Es gibt aber auch Adjektive, bei denen das Femininum nicht nach diesen Regeln gebildet wird.

bon	bonne		
gros	grosse	→	Verdopplung des Endkonsonanten,
blanc	blanche	→	Maskulinum endet auf *-c*, Femininum endet auf *-che*,
nouveau	nouvelle	→	Maskulinum endet auf *-eau*, Femininum endet auf *-elle*,
cool	cool		
super	super	→	unveränderliche Adjektive.

N Nun lernst du die **Adjektive** auf *-if* und *-eux* kennen.

Aujourd'hui, Aziz est **agressif**.	Laïla est **pensive**.	→	**-if** / **-ive**
Aziz et ses copains sont **sportifs**.	Laïla et ses copines sont **actives**.	→	**-ifs** / **-ives**
Aziz est **furieux**.	Laïla est **courageuse**.	→	**-eux** / **-euse**
Ses copains ne sont pas **furieux**.	Laïla et ses copines sont **sérieuses**.	→	**-eux** / **-euses**

! Attention!
naïf – naïve

1. Adjektive auf *-if*:
- Adjektive, deren **maskuline Form** auf *-if* endet, bilden das **Femininum** auf *-ive*.
- Der **Plural** wird jeweils durch Anhängen von *-s* gebildet.

2. Adjektive auf *-eux*:
- Adjektive, deren **maskuline Form** auf *-eux* endet, bilden das **Femininum** auf *-euse*.
- Da die **maskuline Form** bereits im Singular auf *-x* endet, bleibt sie im **Plural unverändert**.
- Bei der **femininen Form** im Plural wird ein *-s* angehängt.

vingt-sept **27**

Révisions 2

Imparfait   G 10

Das **imparfait** ist neben dem *passé composé* eine zweite Zeitform der **Vergangenheit**.

Die Bildung
Das *imparfait* wird aus dem Stamm der 1. Person Plural Präsens und den *imparfait*-Endungen gebildet.

         rêver

présent   nous rêv **ons**

imparfait	je rêv **ais**		je finiss **ais**
	tu rêv **ais**		tu attend **ais**
	il / elle / on rêv **ait**		il / elle / on se lev **ait**
	nous rêv **ions**		nous fais **ions**
	vous rêv **iez**		vous dis **iez**
	ils / elles rêv **aient**		ils / elles pren **aient**

Imparfait   G 10
Die Bildung: *être*

j'	ét **ais**
tu	ét **ais**
il/elle/on	ét **ait**
nous	ét **ions**
vous	ét **iez**
ils/elles	ét **aient**

Imparfait   G 10
Die Bildung: *manger*

je	man**ge ais**
tu	man**ge ais**
il/elle/on	man**ge ait**
nous	man**g ions**
vous	man**g iez**
ils/elles	man**ge aient**

Imparfait
Der Gebrauch   G11

Das *imparfait* beschreibt den **Hintergrund** einer Erzählung.
Es beschreibt **vergangene Zustände** und **wiederkehrende Handlungen**.

Quand Didier **était** à Paris, il **habitait** dans une auberge de jeunesse.	Hintergrund
Avant le casting, il **avait** le cafard.	Zustand, Stimmung
Tous les soirs, il **sortait** avec des copains.	wiederkehrende Handlung

---

Imparfait   G 10
Die Bildung: *commencer*

je	commen**ç ais**
tu	commen**ç ais**
il/elle/on	commen**ç ait**
nous	commen**c ions**
vous	commen**c iez**
ils/elles	commen**ç aient**

Révisions 2

Imperativ

1. Der verneinte Imperativ
G 13

- Bei der Verneinung des Imperativs umschließen die Verneinungswörter *ne … pas* den Imperativ:

Ne sors pas avec ce T-shirt.

2. Der Imperativ mit einem Pronomen
G 14

- Beim **bejahten Imperativ mit einem Pronomen** stehen die Pronomen **hinter** dem Imperativ.

- Bei der **Verneinung des Imperativs mit einem Pronomen** umschließen die Verneinungswörter *ne … pas* das Pronomen und den Imperativ.

Téléphone -moi ce soir.
Arrêtons -nous ici.

Ne me téléphone pas.
Ne nous arrêtons pas ici.

Imparfait und *passé composé*
G 11, 12

imparfait

Théo **était** en vacances à Méribel.
Il se **réveillait toujours** très tard.
Tous les après-midis, Eric et lui **faisaient** du roller et le soir, ils **allaient souvent** au cinéma …

… C'**était** une copine de Paris!

---

toujours, tous les matins, parfois, souvent, chaque matin / chaque soir, le lundi, le mardi …

passé composé

Ce matin, Théo **est allé** au supermarché.
Et **tout à coup**, une fille lui **a dit**:
«Salut Théo, ça va?» …

---

d'abord, puis, tout à coup, ensuite, enfin, ce matin / ce soir, cette fois, un jour …

Adjektive
G 15

1. Adjektive auf -*if*:

Adjektive, deren maskuline Form auf -*if* bzw. -*if* endet, bilden das Femininum auf -*ive*.

Il est sport**if**.
Ils sont pens**ifs**.

Elle est sport**ive**.
Elles sont pens**ives**.

2. Adjektive auf -*eux*:

Adjektive, deren maskuline Form auf -*eux* endet, bilden das Femininum auf -*euse*.
Im Plural bleibt die maskuline Form unverändert.

Il est malheur**eux**.
Ils sont courag**eux**.

Elle est malheur**euse**.
Elles sont courag**euses**.

vingt-neuf **29**

On fait des révisions.

Hier kannst du kontrollieren, ob du die Grammatik aus den Lektionen 1 und 2 beherrschst. (Lösungen auf S. 56 und 57)

Verben

A imparfait

a *Cherche la **première personne** du **pluriel** au **présent** et conjugue les verbes à 3 formes de l'imparfait.*
Exemple: parler → nous parlons → je parlais, nous parlions, ils/elles parlaient
1. donner 2. téléphoner 3. crier 4. être 5. écrire 6. faire 7. avoir 8. se doucher 9. prendre
10. dormir 11. finir 12. manger 13. commencer

b *Mets les verbes à **l'imparfait**.*
1. C'(être) l'été. 2. Je (passer) mes vacances au bord de la mer avec mes parents. 3. Je (faire) souvent du volley sur la plage. 4. Je (lire), j' (écrire), je (rêver) … 5. Mes parents (faire) des randos en vélo, et moi, j'(être) souvent seul. 6. Mais nous (avoir) une voisine sympa au camping.
7. Elle (avoir) mon âge.

B imparfait und passé composé

*Lis le texte suivant et mets les verbes à **l'imparfait** ou au **passé composé**.*
1. C'(être) un beau dimanche. 2. Il (être) dix heures. 3. Comme tous les dimanches d'été, les Lopez (prendre) leur petit-déjeuner sur la terrasse. 4. Antoine (dormir) encore.
5. Tout à coup, on (sonner) à la porte. 6. C'(être) un copain d'Antoine. 7. Alors, Antoine (se lever) et il (se doucher). 8. Il (ne pas prendre) son petit déjeuner, alors il (faire) un sandwich.
9. Enfin, tous les jeunes (partir) au fort de la Bastille. 10. Ils (ne pas rater) le téléphérique de 11 heures!

C Imperativ

Complète à l'impératif. **Exemple: (regarder) la photo → Regarde la photo. → Regardez la photo.**
Avant le match de handball:
1. (monter) les escaliers 2. (aller) tout droit 3. (ne pas tomber) 4. (ne pas regarder) derrière toi/vous. 5. (ouvrir) les yeux 6. (gagner) le match

D Imperativ mit einem Pronomen

a *Mets les phrases à l'impératif négatif.* **Exemple: Lavez-vous. → Ne vous lavez pas.**
1. Parle-moi maintenant. 2. Dépêchez-vous. 3. Regarde-nous. 4. Prépare-toi maintenant.

b *Ecris le contraire.*
1. Attends-moi. 2. Parle-lui de nous. 3. Ne le regarde pas. 4. Téléphone-nous demain.
5. Ne lui écris pas. 6. Un dessert? Oh oui, préparez-le maintenant. 7. Ne l'apportez pas encore.
8. Laissez-le au frigo.

Adjektive

E Adjektive auf -if und auf -eux

Complète avec les adjectifs suivants: (1) sportif (2) sérieux (3) furieux (4) actif.
1. Alice fait du tennis: elle est très (1). 2. Avant l'interro, les élèves travaillent beaucoup: ils sont (2).
3. Mais l'interro était trop difficile, alors Louis est (3). 4. L'après-midi, les filles restent à la maison. Elles ne sont pas très (4).

30 trente

LEÇON 5

B G16 *Il dit que …* – **Die indirekte Rede** / *Le discours indirect* **(2)**

Il demande si … – **Die indirekte Frage** / *L'interrogation indirecte* **(2)**

W Du weißt bereits, dass du Äußerungen anderer Personen mit der indirekten Rede bzw. Frage wiedergeben kannst.

– Le métier d'animateur radio est très intéressant.

Il **dit que** le métier d'animateur radio est très intéressant.

– Est-ce que tous les élèves doivent faire un stage?

Il **demande si** tous les élèves doivent faire un stage.

N **1. Aussagesatz**

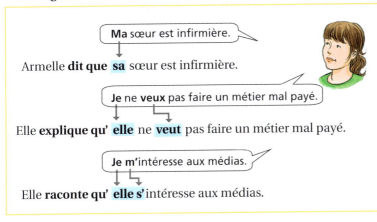

- Wenn du Sätze in der **indirekten Rede** wiedergibst, musst du auch die **Personalpronomen, Verben** und **Begleiter der Nomen** der veränderten Situation anpassen.

2. Fragesatz

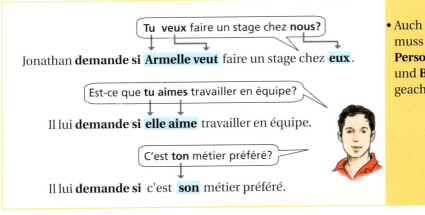

- Auch in der **indirekten Frage** muss auf die Anpassung der **Personalpronomen, Verben** und **Begleiter der Nomen** geachtet werden.

Folgende Verben und Ausdrücke können die indirekte Rede/Frage einleiten:

Aussagesatz		**Fragesatz**
dire que = sagen, dass	trouver que = finden, dass	demander si = fragen, ob
raconter que = erzählen, dass	expliquer que = erklären, dass	
répondre que = antworten, dass	croire que = glauben, dass	

trente et un **31**

5

G 17 *Je ne connais personne.* – **Die Verneinung: *ne … personne***

*La négation: **ne … personne***

1. Présent

A la radio, Armelle **ne connaît personne**.
Dans le couloir du studio, il **n' y a personne**.

- Im *présent* wird die Verneinung mit **ne … personne** genauso gebildet wie mit anderen Verneinungswörtern. Die Verneinungswörter umschließen das konjugierte Verb.
- Vor Vokal oder stummem *h* wird **ne** zu **n'** verkürzt.

2. Passé composé

D'abord, Armelle **n' a vu personne**.
Après, dans le studio, Jonathan lui a présenté ses collègues.
Il **n' a oublié personne**.

- *Ne … personne* umschließt im *passé composé* das konjugierte Hilfsverb **und** das *participe passé*.

  Il **n'a oublié personne**.
  Il **n'a rien oublié**.

L Schreibe dir zur Wiederholung alle Verneinungsformen auf:

ne … pas	= nicht	ne … pas du tout	= überhaupt nicht
ne … pas encore	= noch nicht	ne … plus	= nicht mehr
ne … pas non plus	= auch nicht	ne … jamais	= nie/niemals
ne … rien	= nichts	ne … personne	= niemand

32 trente-deux

C G 18 *je sais, tu sais ...* – Das Verb *savoir*
Le verbe savoir

savoir	wissen/können
je **sais**	[sɛ]
tu **sais**	
il / elle / on **sait**	
nous sa**vons**	[savõ]
vous sa**vez**	[save]
ils / elles sa**vent**	[sav]

passé composé: j'ai **su**

imparfait: je sa**vais**

Vous **savez** encore conjuguer le verbe **savoir**?

L Ähnlich wie bei *pouvoir, vouloir* und *devoir* folgt auch bei *savoir* häufig ein Infinitiv:
Nous **savons conjuguer** le verbe savoir.

G 19 *Tu sais ou tu peux?* – Der Gebrauch von *savoir* und *pouvoir*
L'emploi de savoir et de pouvoir

W Du weißt bereits, dass die Verben *savoir* und *pouvoir* häufig mit einem Infinitiv gebraucht werden:

Tu **sais parler** allemand? Tu **peux lire** le texte?
Kannst du französisch **sprechen**? **Kannst** du den Text **lesen**?

N Die deutsche Bedeutung „können" wird im Französischen mit *savoir* bzw. *pouvoir* übersetzt.

Audrey **sait** parler au micro, mais aujourd'hui, elle ne **peut** pas présenter la météo,
parce qu'elle est malade.

Armelle **sait** faire les gâteaux, mais elle ne **peut** pas en faire aujourd'hui,
parce qu'il n'y a plus de sucre.

Savoir faire qc bedeutet etwas zu können,	*Pouvoir faire qc* bedeutet etwas zu können,
• weil man es gelernt hat,	• weil man die Möglichkeit hat,
• weil man weiß, wie man es macht,	• weil man die körperliche Verfassung hat,
• weil man die Fähigkeit dazu hat.	• weil man die Zeit dazu hat.

trente-trois 33

5

G 20 *Tu en veux?* – Der Gebrauch von *en* (Menge)
L'emploi de en

Mm, de la glace!

Tu **en** veux? Je t'invite.

Armelle: Voilà le dessert. Vous avez **des assiettes**?

Myriam: Oui, nous **en** avons, dans la cuisine.

Armelle: Tu veux encore **un peu de gâteau**, Jonathan?

Jonathan: Mmm, c'est bon. J'**en** veux bien encore un morceau. Merci.

Armelle: Vous prenez encore **du café**?

Myriam et Audrey: Non merci, nous **en** avons encore.

Armelle: Il y a quelqu'un qui veut **de l'eau**?

Myriam et Audrey: Non, nous **n'en** voulons **pas**.

- *En* kann Folgendes ersetzen:
  - den **unbestimmten Artikel Plural** *(des)* + Nomen,
  - **Mengenangaben** wie *beaucoup de, peu de, assez de, deux kilos de, un verre de* + **Nomen**
  - den **Teilungsartikel** *du, de la, de l'* + Nomen.

- Im **Präsens** steht *en* vor dem Verb.
  Die Verneinungswörter *ne … pas* umschließen *en* und das Verb:
  – Tu **en** veux?
  – Non, je **n'en** veux **pas**.

- Im *passé composé* steht *en* **vor dem konjugierten Hilfsverb.**
  – Vous avez bu de l'eau après le sport?
  – Oui, nous **en** avons bu.

34 trente-quatre

LEÇON 6

G 21 *Je suis plus grand que toi.* – Das Adjektiv: Komparativ und Superlativ
L'adjectif: le comparatif et le superlatif

Wie im Deutschen können auch im Französischen Adjektive für Vergleiche gebraucht werden. Dazu werden die beiden Steigerungsformen **Komparativ** oder **Superlativ** verwendet.

1. Der Komparativ

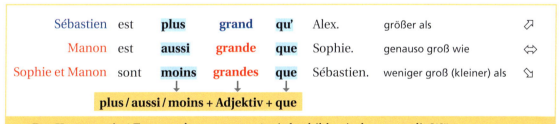

Sébastien	est	**plus**	**grand**	**qu'**	Alex.	größer als ↗
Manon	est	**aussi**	**grande**	**que**	Sophie.	genauso groß wie ⇔
Sophie et Manon	sont	**moins**	**grandes**	**que**	Sébastien.	weniger groß (kleiner) als ↘

plus / aussi / moins + Adjektiv + que

- Der **Komparativ** (↗ größer, ↘ weniger groß) wird gebildet, indem man die Wörter *plus* (= **Aufwärtssteigerung** ↗) oder *moins* (= **Abwärtssteigerung** ↘) **vor** das Adjektiv stellt.
- Bei **Gleichheit** (genauso groß) wird das Wort *aussi* (⇔) **vor** das Adjektiv gestellt.
- Auf das Adjektiv folgt *que/qu'* (als/wie).
- Das **Adjektiv** ist **veränderlich**, es richtet sich nach dem Nomen, auf das es sich bezieht.

2. Der Superlativ

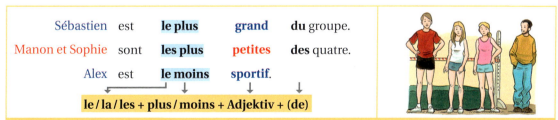

Sébastien	est	**le plus**	**grand**	du groupe.
Manon et Sophie	sont	**les plus**	**petites**	des quatre.
Alex	est	**le moins**	**sportif**.	

le / la / les + plus / moins + Adjektiv + (de)

- Der **Superlativ** (der/die/das größte, kleinste, unsportlichste) wird gebildet, indem man **den bestimmten Artikel vor den Komparativ** setzt (*le plus / le moins …*).
- Das **Adjektiv** ist **veränderlich**, es richtet sich nach dem Nomen, auf das es sich bezieht.
- Nach dem Superlativ folgt meistens *de / du / de l' / de la*.

6

A G 22 *Voilà le meilleur groupe du festival.* – Die Steigerung des Adjektivs *bon*
*Les degrés de l'adjectif **bon***

Au festival, d'Avignon:	**Komparativ**	**Superlativ**
L'acteur allemand est vraiment **bon**.	Un acteur de Genève est encore **meilleur que** lui.	C'est l'acteur de Prague qui est **le meilleur** de la troupe.
Une actrice italienne est très **bonne**.	Mais l'actrice des Pays-Bas est **meilleure que** l'Italienne.	L'actrice de Bordeaux est **la meilleure** des trois filles.
		Au festival, il y a les acteurs **les meilleurs** / les actrices **les meilleures** d'Europe.

- Das Adjektiv **bon** wird nicht mit *plus* gesteigert, sondern hat eine eigene Steigerungsform.

bon / bonne	meilleur / meilleure	le meilleur / la meilleure
bons / bonnes	meilleurs / meilleures	les meilleurs / les meilleures
Adjektiv	**Komparativ**	**Superlativ**

G 23 *je conduis, tu conduis …* – Das Verb *conduire*
*Le verbe **conduire***

	conduire	fahren
je	condui**s**	
tu	condui**s**	[kõdɥi]
il / elle / on	condui**t**	
nous	condui**sons**	[kõdɥizõ]
vous	condui**sez**	[kõdɥize]
ils / elles	condui**sent**	[kõdɥiz]

Imperativ: Condui**s** / Condui**sons** / Condui**sez** } moins vite.

passé composé: j'**ai** conduit

imparfait: je condui**sais**

J'adore **conduire** sur les petites routes.

36 trente-six

B G 24 *Je viens d'Allemagne.* – Artikel bzw. Präpositionen bei Ländernamen

Articles et prépositions pour les noms de pays

Regarde. Une voiture qui vient **d'Allemagne**! Ah, mais elle est fabriquée[1] **en France** …

Tu m'énerves avec tes voitures … Et tu vois, ça, c'est mon vélo français!

1. Der Artikel bei Ländernamen

| – Tu connais | **la** France? | **le** Portugal? | **les** Pays-Bas? |
| | **l'** Allemagne? | **le** Danemark? | **les** Etats-Unis? |

- Im Gegensatz zum Deutschen steht im Französischen **der bestimmte Artikel** *(le, la, l', les)* **vor den Ländernamen** (*la France* – Frankreich).
- Die meisten Ländernamen sind **feminin** (und enden auf **-e**): *la France, la Suisse, l'Italie*. Die anderen sind **maskulin**, z. B. *le Portugal, le Canada, le Danemark, le Luxembourg*. Einige wenige stehen im **Plural**: *les Pays-Bas, les Etats-Unis*.

2. Die Präpositionen *de / d' / du / des* bei Ländernamen

Femininum		Maskulinum	Plural
Marie vient **de** France.	Elle a rencontré une fille **d'** Allemagne.	Pablo vient **du** Portugal.	Mario est rentré **des** Pays-Bas.

Auf die Frage „**Woher?**" / „**Aus welchem Land?**" steht
- **vor femininen** Ländernamen die **Präposition** *de / d'*,
- **vor maskulinen** Ländernamen die **Präposition** *du*,
- **vor** Ländernamen **im Plural** *des*.

3. Die Präpositionen *en / au / aux* bei Ländernamen

Femininum		Maskulinum	Plural
Marie passe un concours **en** France.	Elle est déjà allée **en** Allemagne.	Pablo habite **au** Portugal.	Il a fait un voyage **aux** Pays-Bas.

Auf die Frage „**Wo?**" / „**Wohin?**" steht
- **vor femininen** Ländernamen die **Präposition** *en*,
- **vor maskulinen** Ländernamen die **Präposition** *au*,
- **vor** Ländernamen **im Plural** *aux*.

---
[1] **fabriqué/fabriquée** – hergestellt

6

G 25 *J'y vais, j'en viens.* – Der Gebrauch von *y* und *en* (örtlich)

L'emploi de y et de en

W *Y* und *en* erfüllen mehrere Funktionen und sind dir schon häufiger begegnet.
Du kennst *y* in der Wendung *il y a* (es gibt) und *en* **als Mengenangabe**.

– Est-ce que tu as du jus de fruits?
– Oui, il **y** a du jus de pomme dans le frigo. Tu **en** veux?
– Oui, j'**en** veux bien. Merci.

N Nun lernst du *y* und *en* in ihrer **örtlichen** Bedeutung kennen.

1. *Y* (örtlich)

Rémi: Tu vas **à la fête** de Christophe?
Léa: Oui, j'**y** vais à 8 heures.
Rémi: On va **y** retrouver les copains de la classe.
Ça va être très sympa.

Rémi: Tu es déjà allée **chez lui**?
Léa: Non, je **n'y** suis **jamais** allée.

Alors, on y va à 8 heures?

- Mit *y* können Ortsangaben ersetzt werden, die mit den Präpositionen *en*, *à*, *chez*, *sur* und *dans* eingeleitet werden. Es bedeutet „**dorthin**" (in Richtung auf einen Ort) oder „**dort**" (an einem Ort).
- *Y* **steht vor der konjugierten Verbform.** On **y** va.
- Bei der **Verneinung** werden *y* und die konjugierte Verbform von *ne … pas* umschlossen. On **n'y** va **pas**.

2. *En* (örtlich)

– Est-ce que tes parents sont déjà rentrés **des Etats-Unis**?
– Non, ils **n'en** sont **pas** rentrés. Ils sont encore à New York.

– Et quand est-ce qu'ils repartent **de New York**?
– Ils **en** repartent aujourd'hui.

- Mit *en* können Ortsangaben ersetzt werden, die mit der Präposition *de* eingeleitet werden. Im Deutschen steht für *en* in dieser Bedeutung z. B. „**von dort**" oder „**von daher**".
- *En* steht unmittelbar **vor der konjugierten Verbform**.
- Bei der **Verneinung** werden *en* und die konjugierte Verbform von *ne … pas* umschlossen. Ils **n'en** sont **pas** rentrés.

6

C G 26 *Où vas-tu?* – Die Inversionsfrage
L'interrogation par inversion

W 1. Tu habites **où**? → umgangssprachlich
Où est-ce que tu habites? → normalsprachlich

2. Tu fais du cheval? → umgangssprachlich
Est-ce que tu fais du cheval? → normalsprachlich

N Nun lernst du die Inversionsfrage. → gehobene Sprache

Nicolas et sa copine veulent faire un échange:
ils veulent partir en Allemagne.

– **Etes-vous** déjà allés en Allemagne?
– Dans quelle ville **voulez-vous** aller?
– Nicolas, quel âge **as-tu**?
– En quelle classe **es-tu**?
– Et ta copine, **veut-elle** aussi aller en Allemagne?

Veux-tu aller en Allemagne?

- Bei der Inversionsfrage tritt das **Subjektpronomen** *(je, tu, …)* **hinter das Verb** und wird mit einem **Bindestrich** angeschlossen: *As-tu … ?*
- Die Inversionsfrage wird vor allem in der **gehobenen Sprache** und in der **geschriebenen Sprache** verwendet.
- Die Inversionsfrage wird in der gesprochenen Sprache nur in bestimmten Ausdrücken gebraucht: *Quelle heure est-il?*

G 27 *Chacun prépare le pique-nique.* – Das Pronomen *chacun, chacune*
Le pronom chacun/chacune

Clément et ses copains veulent faire un pique-nique.
Chacun prépare quelque chose.

Lucie et sa copine vont à l'épicerie.
Chacune a acheté trois bouteilles de jus d'orange.

- *Chacun/chacune* (jeder/jede/jedes) ist ein Pronomen, das nur **im Singular** verwendet wird.
- Es richtet sich nach dem Geschlecht des Nomens (bzw. der Nomen), auf das es sich bezieht: Femininum oder Maskulinum.

trente-neuf **39**

6

G 28 *C'est un vieux village.* – Das Adjektiv *vieux*
L'adjectif vieux

C'est le **vieil** appareil photo de ma grand-mère.

Oh, montre. J'adore les **vieilles** choses.

W In *Tous ensemble 2* hast du die Adjektive *beau* und *nouveau* kennen gelernt, die im Singular und Plural besondere Formen haben.

un beau scooter	un bel appartement	une belle maison	une belle église
un nouveau vélo	un nouvel hôtel	une nouvelle voiture	une nouvelle épicerie
des beaux scooters	des beaux appartements	des belles maisons	des belles églises
des nouveaux vélos	des nouveaux hôtels	des nouvelles voitures	des nouvelles épiceries

N Nun lernst du mit *vieux* ein weiteres Adjektiv mit besonderen Formen kennen.

Maskulinum		Femininum	
un **vieux** café	un **vieil** escalier	une **vieille** voiture	une **vieille** église
	un **vieil** hôtel		
des **vieux** cafés	des **vieux** escaliers	des **vieilles** voitures	des **vieilles** églises
	des **vieux** hôtels		

1. Singular

Das Adjektiv *vieux* hat im Singular drei Formen:
- zwei maskuline Formen: *vieux* vor **Konsonanten**,
  vieil vor **Vokalen** oder **stummem** *h*,
- und eine feminine Form: *vieille*.

2. Plural

Im Plural gibt es zwei Formen:
- eine **maskuline** und eine **feminine** Form: *vieux* / *vieilles*.
- Das -*x* der maskulinen Form und das -*s* der femininen Form werden vor Vokal und stummem *h* gebunden.
  des vieux hôtels [devjøzotɛl] – des vieilles églises [devjɛjzegliz]

40 quarante

Révisions 3

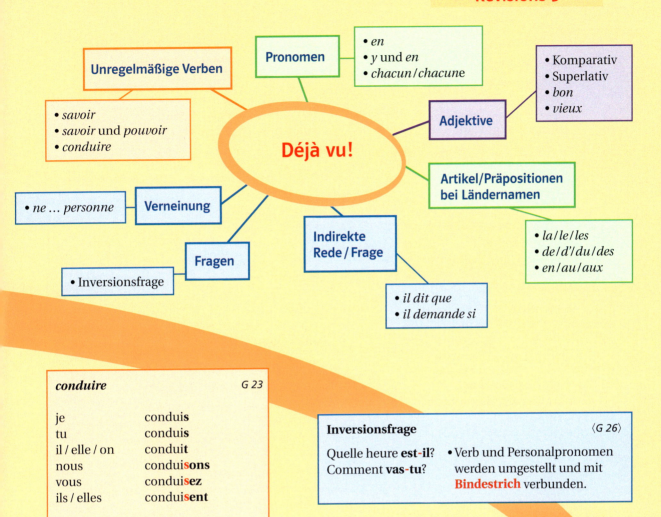

conduire		G 23
je	conduis	
tu	conduis	
il / elle / on	conduit	
nous	conduisons	
vous	conduisez	
ils / elles	conduisent	

passé composé: j'ai conduit
imparfait: je conduisais

Inversionsfrage ⟨G 26⟩

Quelle heure **est-il**?
Comment **vas-tu**?
• Verb und Personalpronomen werden umgestellt und mit **Bindestrich** verbunden.

savoir G 18, 19

Die Bedeutung von **können** wird im Französischen mit *savoir* bzw. *pouvoir* übersetzt.

je	sais
tu	sais
il / elle / on	sait
nous	savons
vous	savez
ils / elles	savent

• Il **sait** parler français. Il est bon en français.
  → etw. können, weil man das **Wissen, die Fähigkeit** hat.

• Il **peut** faire du ski parce qu'il a neigé.
  → etw. können, weil man die **körperliche Verfassung, die Zeit** oder die **Möglichkeit** hat.

passé composé: j'ai **su**
imparfait: je sa**v**ais

quarante et un 41

Révisions 3

Pronomen *en* (Mengenangaben)
G 20

Das Pronomen *en* kann ein **Objekt** mit *de* ersetzen.

Au supermarché:
– Tu achètes **des oranges**?
– Oui, j'**en** achète.

– Tu prends **du thé**?
– Oui, j'**en** prends deux paquets.

– Tu as encore **des bouteilles d'eau**?
– Non, je n'**en** ai plus.

En kann Folgendes ersetzen:
• **den unbestimmten Artikel *(des)* + Nomen,**

• **den Teilungsartikel *du, de la, de l'* + Nomen,**

• **Mengenangaben.**

Pronomen *y* und *en* (Ortsangaben)
G 25

– Est-ce que M. Schmidt vient **d'Allemagne**?
– Oui, il **en** vient.

– Monsieur, vous habitez **à Berlin**?
– Oui, j'**y** habite depuis 3 ans.
– Et vous travaillez **dans la banlieue**?
– Oui, j'**y** ai mon bureau.

• *En* (von daher / von dort) steht für eine **Ortsbestimmung** mit der **Präposition *de***.

• *Y* (dort / dorthin) steht für eine **Ortsbestimmung** mit der **Präposition *à, en, chez, sur* oder *dans***.

Pronomen *chacun, chacune*
G 27

Chacun / chacune (jeder, jede, jedes) ist ein Pronomen, das **nur im Singular** vorkommt.
Les élèves arrivent en salle de classe. **Chacun** porte son sac.
Les filles vont au gymnase. **Chacune** prend ses baskets.

Verneinung *ne … personne*
G 17

Die Verneinung ***ne … personne*** hat im ***passé composé*** eine besondere Stellung (*personne* steht **nach dem *participe passé***).

Dans le bureau, il **n'**y a **personne**. → *présent*
D'abord, Armelle **n'**a vu **personne**. → *passé composé*

Indirekte Frage / Rede
G 16

Jonathan: «Est-ce que **tu** **veux** faire un stage chez **nous**?»

Il **demande si** **elle** **veut** faire un stage chez **eux**.

Armelle: «**Je** **m'intéresse** à **votre** métier.»

Elle **dit qu'** **elle** **s'** **intéresse** à **son** métier.

42 quarante-deux

Révisions 3

Adjektiv *vieux*   *G 28*

Singular	un vieux quartier	un vieil escalier un vieil hôtel	une vieille maison
Plural	des vieux quartiers	des vieux escaliers	des vieilles maisons

---

Adjektiv: Komparativ und Superlativ   *G 21, 22*

Die **Steigerung** erfolgt mit *plus/moins … que* (Komparativ) und *le plus/le moins* (Superlativ).
Die **Gleichheit** wird durch *aussi … que* ausgedrückt.

Les acteurs sont tous très sympas. Mais dans la pièce,
Eric et Lorie sont **plus sympas** que Sarah,
Lorie est **aussi marrante** qu' Eric,
mais elle est **moins courageuse** que Sarah.

- **Komparativ**
  plus … que
  aussi … que
  moins … que

Sarah est **la plus belle** et **la moins nerveuse des** trois.
Elle est **la meilleure de** la troupe.

- **Superlativ**
  le / la / les plus/moins … (de)

Das Adjektiv *bon* wird vollständig **verändert**:

bon, **bonne** → Komparativ: **meilleur, meilleurs, meilleure, meilleures** que
→ Superlativ: **le meilleur, les meilleurs, la meilleure, les meilleures** (de)

Artikel/Präpositionen bei Ländernamen   *G 24*

- Bei Ländernamen steht im Französischen der **bestimmte Artikel**:

  J'aime **la France**, **l'Allemagne**, **le Portugal** et **les Pays-Bas**.

- Die **Herkunft** (Woher? Aus welchem Land?) wird durch *de/d'/du/des* angegeben.

  Les touristes viennent **de Suisse**, **d'Allemagne**, **du Canada** et **des Etats-Unis**.

- **Ort und Richtung** (Wo? Wohin?) werden durch *en / au / aux* angegeben.

  Ma copine habite **en Suisse**.
  Elle veut aller **en France**, **au Portugal** et **aux Etats-Unis**.

quarante-trois **43**

On fait des révisions.

Hier kannst du kontrollieren, ob du die Grammatik aus den Lektionen 1 und 2 beherrschst. (Lösungen auf S. 57)

Verben

A *conduire*

Complète avec les formes du verbe **conduire**.

1. Lauretta aime ? . 2. Aujourd'hui, elle ? la voiture de son père. 3. Alors, elle ne ? pas trop vite.
4. Lauretta et Steve ? très bien.

B *savoir* **und** *pouvoir*

Complète le texte avec les formes des verbes **savoir** *et* **pouvoir**.

1. Armelle écrit toujours un article dans le journal de son collège, parce qu'elle ? bien écrire. 2. Mais cette semaine, elle n'a pas le temps. Elle ne ? pas faire son reportage. 3. *Armelle:* «Paul et Diego, vous ne faites pas de stage. Vous ? faire mon reportage?» 4. *Paul:* «Mais Armelle, nous ne ? pas comment tu fais tes reportages. Tu ? nous dire comment on écrit un article intéressant?» 5. *Armelle:* «Je ? vous expliquer comment on fait. 6. Paul, tu prépares les questions pour le reportage et toi, Diego, tu ? bien écrire. Alors tu ? écrire un texte sur les résultats de votre reportage.»

Indirekte Rede / Frage

C **Indirekte Rede / Frage**

a *Mets les phrases à* **l'interrogation indirecte**.

Julie demande à Armelle si …: 1. Julie: «Armelle, est-ce que tu veux faire ton stage à la télé?»
2. *Eric:* «Julie, c'est ton rêve de faire des photocopies?»
3. *Jonathan:* «Guillaume, est-ce que tu peux présenter la météo?»

b *Mets les phrases au* **discours indirect**.

Armelle dit / raconte / trouve que: 1. *Armelle:* «Je n'ai pas envie de travailler dans un bureau.»
2. «Je veux devenir animatrice à la télé.» 3. «C'est un travail qui va me plaire.»
4. « Je dois beaucoup travailler pour avoir mon bac.»

Adjektiv

D **Adjektive**

a *Emploie l'adjectif* **vieux**.

Dans la ? ville, il y a un ? château, des ? maisons, un ? hôtel et une ? école dans la ? rue.

b *Compare les quatre jeunes: Emploie le* **comparatif**. *Puis dis qui est* **le plus grand / le plus petit** *avec le* **superlatif**. Coralie (1m76), Claire (1m56), Grégory (1m76), Antoine (1m86)
Exemple: Coralie est plus grande que Claire. Etc. …

Pronomen und Begleiter

E *y* **und** *en*

a *Réponds aux questions. Emploie* **y** *ou* **en** *dans tes réponses.*

1. – On va au cinéma? – Oui, … 2. – Tu viens de l'école? – Oui, … 3. – Vous allez sur la Côte d'Azur, cet été? – Non, … 4. – On monte à la tour Eiffel? – Oui, … 5. – Ton frère est rentré des Etats-Unis?
– Non, …

b *Utilise* **en** *avec le verbe* **prendre** *et complète les phrases. Au restaurant:*

1. Comme plat principal, tu prends du poulet? – Oui, j' ? . 2. Avec des frites? – Ah non, merci, je ? . La dernière fois, (p.c.) j' ? et elles n'étaient pas bonnes. 3. Tu bois de l'eau? – Oui, on ? deux bouteilles, non? 4. Et comme dessert? Tu prends de la glace? – Oui, j' ? .

F **Artikel bzw. Präpositionen bei Ländernamen**

Tu es à la gare et tu discutes avec des jeunes.
Complète les phrases avec la bonne **préposition** */ le bon* **article**.

– D'où est-ce que tu viens? - 1. Je viens ? Belgique. 2. – Nous venons ? Portugal. 3. – Moi, je rentre ? Etats-Unis. 4. – Tu connais ? France? – Non, mais je connais bien ? Espagne. 5. – Cette année, je vais ? Italie. Et toi? 6. Moi, je vais ? Allemagne puis ? Danemark pour voir des amis.

44 quarante-quatre

MODULE 1

G 29 *Il avait parlé, elle était arrivée.* – Das Plusquamperfekt
Le plus-que-parfait

W Bisher kennst du zwei Zeitformen der Vergangenheit:
passé composé (Perfekt):   j'**ai** regard**é**, je **suis** all**é(e)**,
imparfait (Präteritum):   je cherch**ais**.

N Das *plus-que-parfait* ist eine weitere Zeitform der Vergangenheit: die Vorvergangenheit.

1. Die Bildung

avec **avoir**			avec **être**		
j'	**avais**	cherché	j'	**étais**	allé / allé**e**
tu	**avais**	mangé	tu	**étais**	venu / venu**e**
il	**avait**	pris	il	**était**	tombé
elle	**avait**	voulu	elle	**s'était**	douché**e**
on	**avait**	choisi	on	**s'était**	levé**s** / levé**es**
nous	**avions**	offert	nous	**étions**	parti**s** / parti**es**
vous	**aviez**	dit	vous	**étiez**	sorti**s** / sorti**es**
ils	**avaient**	eu	ils	**s'étaient**	dépêché**s**
elles	**avaient**	été	elles	**s'étaient**	reposé**es**

Imparfait-Formen von avoir + participe passé

Imparfait-Formen von être + participe passé (veränderlich)

Verneinung: Die Verneinungswörter *ne … pas / plus* etc. umschließen das **konjugierte Hilfsverb**.
Il **n'**avait **rien** mangé.   Ils **n'**étaient **pas** arrivés à 8 heures.

2. Der Gebrauch

avant le rendez-vous | le rendez-vous, il y a 3 jours | maintenant
Vorvergangenheit | **Vergangenheit** | **Gegenwart**

Je **m'étais préparée**.   On **est allés** dans un café.   Amandine **est** amoureuse.

Module 1

Vorvergangenheit → *plus-que-parfait*	Vergangenheit → *imparfait/passé composé*
	1. *Amandine:* Mercredi soir, j'**avais** rendez-vous avec Léo devant le ciné.
2. L'après-midi, je m'**étais préparée**: j'**avais mis** mon nouveau jean.	→ 3. J'**étais** super contente.
4. Mais pas de chance. J'**avais** déjà **vu** le film. →	5. Alors, on **est allés** dans un café où on **a discuté** pendant 2 heures!

- Das *plus-que-parfait* bezeichnet ein Geschehen, das zeitlich **vor** einem anderen Geschehen in der **Vergangenheit** liegt.
  Das Plusquamperfekt heißt deshalb im Deutschen auch **Vorvergangenheit**.

G 30   Dites-le-moi. – Der Imperativ mit zwei Pronomen
L'impératif avec deux pronoms

W In G14 hast du den bejahten Imperativ mit **einem Pronomen** kennengelernt.
Laisse-**moi** tranquille.   Occupez-**vous** de vos affaires.

N Nun lernst du den bejahten Imperativ mit **zwei Pronomen** kennen.

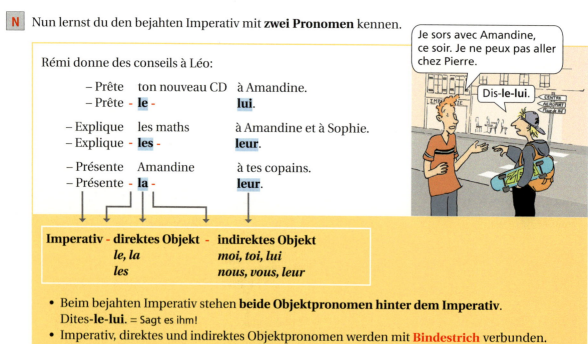

- Beim bejahten Imperativ stehen **beide Objektpronomen hinter dem Imperativ**.
  Dites-**le-lui**. = Sagt es ihm!
- Imperativ, direktes und indirektes Objektpronomen werden mit **Bindestrich** verbunden.
- Statt ~~me~~ und ~~te~~ stehen *moi* und *toi*: Dis-le-moi.

MODULE 2

G 31 *Qui est-ce qui t'attend?* – Die Frage nach Personen

*Les pronoms interrogatifs **qui est-ce qui / qui est-ce que***

W Bereits in *Tous ensemble 1* hast du die Frage mit dem Fragewort *qui* (= Frage nach einer Person) kennen gelernt: – **Qui** est-ce? – C'est **Amélie**.

N Mit *qui est-ce qui* und *qui est-ce que* **fragt man** ebenfalls **nach Personen**.

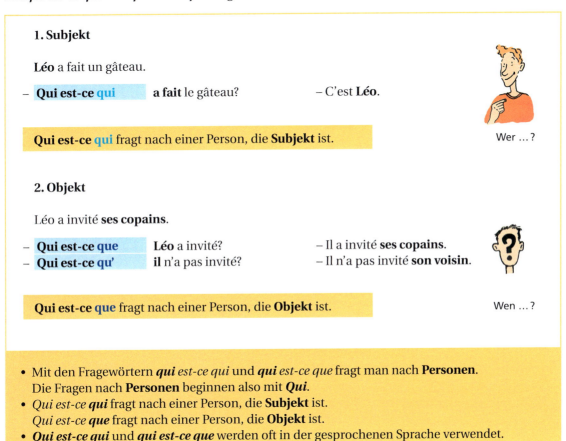

- Mit den Fragewörtern *qui est-ce qui* und *qui est-ce que* fragt man nach **Personen**. Die Fragen nach **Personen** beginnen also mit *Qui*.
- *Qui est-ce qui* fragt nach einer Person, die **Subjekt** ist.
  Qui est-ce que fragt nach einer Person, die **Objekt** ist.
- *Qui est-ce qui* und *qui est-ce que* werden oft in der gesprochenen Sprache verwendet.

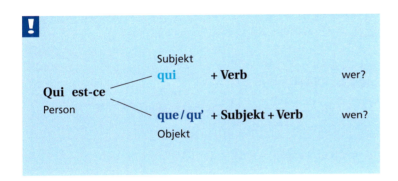

quarante-sept 47

Module 2

G 32 Qu'est-ce qui se passe? – Die Frage nach Sachen

*Les pronoms interrogatifs **qu'est-ce qui/qu'est-ce que***

W Die Frage mit dem Fragewort *qu'est-ce que* (Frage nach Sachen bzw. Tätigkeiten oder Ereignissen) ist dir seit *Tous ensemble 1* bekannt:

– **Qu'est-ce que** tu achètes, Amandine? – J'achète **un cadeau** pour Léo.

N Neben dem Fragewort *qu'est-ce que* gibt es auch das Fragewort *qu'est-ce qui*. Mit beiden Fragewörtern **fragt man nach Sachen**.

---

1. Subjekt

C'est l'anniversaire de Léo.

– **Qu'est-ce qui** intéresse Léo? – **Les BD** l'intéressent.

– **Qu'est-ce qui** ne l'**intéresse** pas? – **Le sport** ne l'intéresse pas.

Was … ?

Qu'est-ce qui fragt nach einer **Sache**, die **Subjekt** ist.

2. Objekt

– **Qu'est-ce qu'** **Amandine** a acheté à Léo? – Elle lui a acheté **une BD**.

– **Qu'est-ce que** **les copains** lui offrent? – Ils lui offrent **un ballon de basket**.

Was … ?

Qu'est-ce que fragt nach einer **Sache**, die **Objekt** ist.

- Mit den Fragewörtern *qu'est-ce qui* und *qu'est-ce que* wird nach **Sachen, Tätigkeiten oder Ereignissen** gefragt.
- Die Fragen nach **Sachen** (bzw. Tätigkeiten, Ereignissen) beginnen also mit *Que/Qu'*.
- *Qu'est-ce qui* fragt nach einer Sache, die **Subjekt** ist.
  Qu'est-ce que fragt nach einer Sache, die **Objekt** ist.

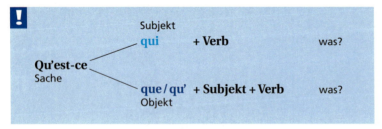

L **Attention:**
Qu'est-ce qui **vous intéresse**? → ***Vous*** ist nicht Subjekt, sondern das Objektpronomen.
Was interessiert **euch/Sie**?

48 quarante-huit

Module 2

G 33 Je fais ce qui me plaît. – Der Gebrauch von *ce qui* und *ce que*
L'emploi de ce qui et ce que

Die beiden Formen *ce qui* und *ce que* benutzt man, um das deutsche „**was**" auszudrücken.
Sie beziehen sich auf **Sachverhalte** und nicht auf Personen oder Sachen:

– Je sais **ce qui** s'est passé. – Ich weiß, **was** geschehen ist.
– Je ne sais plus **ce que** j'ai mangé hier. – Ich weiß nicht mehr, **was** ich gestern gegessen habe.

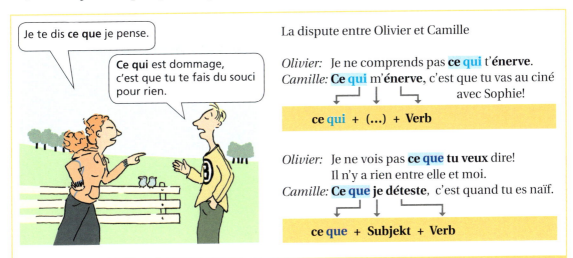

- Wie im Deutschen können *ce qui* und *ce que* am Satzanfang stehen oder einen Relativsatz einleiten.
- *Ce qui* ist immer **Subjekt**, *ce que* ist immer **Objekt** des folgenden Verbs.

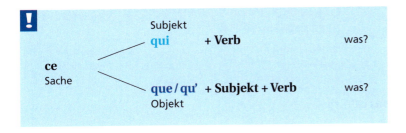

quarante-neuf 49

Anhang

Regelmäßige Verben

1. Verben auf -er

Infinitiv	Präsens	*Imparfait*	Imperativ	*Passé composé*
chercher suchen	je cherche nous cherchons ils cherchent	je cherchais nous cherchions ils cherchaient	Cherche … Cherchons … Cherchez …	j'ai cherché

ebenso: alle regelmäßigen Verben auf -er, die mit Konsonant beginnen

⚠ Die Verben der Bewegungsrichtung bilden das *passé composé* mit *être*: Je **suis** monté(e).

Infinitiv	Präsens	*Imparfait*	Imperativ	*Passé composé*
écouter hören, zuhören	j'écoute nous écoutons ils écoutent	j'écoutais nous écoutions ils écoutaient	Ecoute. Ecoutons. Ecoutez.	j'ai écouté

ebenso: alle regelmäßigen Verben auf -er, die mit Vokal oder stummem *h* beginnen

Verben auf -er mit Besonderheiten

Infinitiv	Präsens	*Imparfait*	Imperativ	*Passé composé*
acheter kaufen	j'ach**è**te nous ach**e**tons ils ach**è**tent	j'ach**e**tais nous ach**e**tions ils ach**e**taient	Ach**è**te … Ach**e**tons … Ach**e**tez …	j'ai ach**e**té
commencer anfangen, beginnen	je commence nous commen**ç**ons ils commencent	je commen**ç**ais nous commencions ils commen**ç**aient	Commence. Commen**ç**ons. Commencez.	j'ai commencé
manger essen	je mange nous mang**e**ons ils mangent	je mang**e**ais nous mangions ils mang**e**aient	Mange … Mang**e**ons … Mangez …	j'ai mangé
préférer vorziehen, lieber mögen	je préf**è**re nous préf**é**rons ils préf**è**rent	je préf**é**rais nous préf**é**rions ils préf**é**raient		j'ai préf**é**ré

2. Verben auf -dre

Infinitiv	Präsens	*Imparfait*	Imperativ	*Passé composé*
attendre warten	j'attends nous attendons ils attendent	j'attendais nous attendions ils attendaient	Attends. Attendons. Attendez.	j'ai attendu
descendre hinuntergehen, aussteigen	je descends nous descendons ils descendent	je descendais nous descendions ils descendaient	Descends. Descendons. Descendez.	je suis descendu(e)

ebenso: entendre, répondre, perdre

Anhang

3. Verben auf *-ir*

Infinitiv	Präsens	*Imparfait*	Imperativ	*Passé composé*
dormir schlafen	je dors nous dormons ils dorment	je dormais nous dormions ils dormaient	Dors. Dormons. Dormez.	j'ai dormi

ebenso: mentir, sentir – ⚠ partir, sortir bilden das *passé composé* mit *être*.

Infinitiv	Präsens	*Imparfait*	Imperativ	*Passé composé*
finir beenden	je finis nous finissons ils finissent	je finissais nous finissions ils finissaient	Finis. Finissons. Finissez.	j'ai fini

ebenso: applaudir, choisir, réfléchir

4. Reflexive Verben

Infinitiv	Präsens	*Imparfait*	Imperativ	*Passé composé*
se laver sich waschen	je me lave nous nous lavons ils se lavent	je me lavais nous nous lavions ils se lavaient	Lave-toi. Lavons-nous. Lavez-vous.	je me suis lavé(e)

ebenso: se demander, se dépêcher, se retrouver

Infinitiv	Präsens	*Imparfait*	Imperativ	*Passé composé*
s'excuser sich entschuldigen	je m'excuse nous nous excusons ils s'excusent	je m'excusais nous nous excusions ils s'excusaient	Excuse-toi. Excusons-nous. Excusez-vous.	je me suis excusé(e)

ebenso: s'amuser, s'occuper (de), s'organiser

Unregelmäßige Verben

Infinitiv	Präsens	*Imparfait*	Imperativ	*passé composé*
aller gehen, fahren	je vais nous allons ils vont	j'allais nous allions ils allaient	Va … Allons … Allez …	je suis allé(e)
avoir haben	j'ai nous avons ils ont	j'avais nous avions ils avaient		j'ai eu
boire trinken	je bois nous buvons ils boivent	je buvais nous buvions ils buvaient	Bois. Buvons. Buvez.	j'ai bu
conduire fahren	je conduis nous conduisons ils conduisent	je conduisais nous conduisions ils conduisaient	Conduis … Conduisons … Conduisez …	j'ai conduit
connaître kennen	je connais / elle connaît nous connaissons ils connaissent	je connaissais nous connaissions ils connaissaient		j'ai connu
dire sagen	je dis nous disons / vous **dites** ils disent	je disons vous disiez ils disaient	Dis … Disons … Dites …	j'ai dit

cinquante et un **51**

Anhang

Infinitiv	Präsens	*Imparfait*	Imperativ	*Passé composé*
devoir müssen	je dois nous devons ils doivent	je devais nous devions ils devaient		j'ai dû
écrire schreiben	j'écris nous écrivons ils écrivent	j'écrivais nous écrivions ils écrivaient	Ecris … Ecrivons … Ecrivez …	j'ai écrit
être sein	je **suis** nous **sommes** ils **sont**	j'étais nous étions ils étaient		j'ai été
faire machen	je fais nous faisons vous faites ils font	je faisais nous faisions vous faisiez ils faisaient	Fais … Faisons … Faites …	j'ai fait
lire lesen	je lis nous lisons ils lisent	je lisais nous lisions ils lisaient	Lis … Lisons … Lisez …	j'ai lu
mettre setzen, stellen, legen	je mets nous mettons ils mettent	je mettais nous mettions ils mettaient	Mets … Mettons … Mettez …	j'ai mis
offrir anbieten, schenken	j'offre nous offrons ils offrent	j'offrais nous offrions ils offraient	Offre … Offrons … Offrez …	j'ai off**ert**
ouvrir öffnen	j'ouvre nous ouvrons ils ouvrent	j'ouvrais nous ouvrions ils ouvraient	Ouvre … Ouvrons … Ouvrez …	j'ai ouv**ert**
payer bezahlen	je pa**ie** nous payons ils pa**ie**nt	je payais nous payions ils payaient	Paie … Payons … Payez …	j'ai payé
pouvoir können	je p**eux** nous pouvons ils p**eu**vent	je pouvais nous pouvions ils pouvaient		j'ai pu
prendre nehmen	je prends nous prenons ils pre**nn**ent	je prenais nous prenions ils prenaient	Prends … Prenons … Prenez …	j'ai pris
savoir wissen, können	je s**ais** nous savons ils savent	je savais nous savions ils savaient		j'ai su
venir kommen	je v**iens** nous venons ils vie**nn**ent	je venais nous venions ils venaient	**V**iens. Venons. Venez.	je suis venu(e)
voir sehen	je vois nous vo**y**ons ils voient	je vo**y**ais nous vo**y**ions ils vo**y**aient	Vois … Vo**y**ons. Vo**y**ez.	j'ai vu
vouloir wollen	je v**eux** nous voulons ils v**eu**lent	je voulais nous voulions ils voulaient		j'ai voulu

Anhang

Verzeichnis der grammatischen Begriffe

- **In der linken Spalte findest** du die in diesem und den ersten beiden Grammatischen Beiheften wichtigsten verwendeten Begriffe. Das Grammatikkapitel (G ...) nennt die Stelle, an der du etwas über den Begriff in Band 3 erfährst.

- **Die mittlere Spalte** enthält Entsprechungen, die du aus der Grundschule kennst. Manchmal stehen dort auch Begriffe, die in dieser Grammatik nicht verwendet werden, jedoch möglicherweise von deiner Lehrerin / deinem Lehrer benutzt werden.

- **In der rechten Spalte** werden die französischen Bezeichnungen sowie Beispiele aufgeführt.

Verwendete Begriffe	Entsprechungen	Französische Bezeichnungen und Beispiele
Adjektiv	Eigenschaftswort	l'adjectif: *un garçon* **sportif**
Apostroph	Auslassungszeichen	*C'est un bon acteur.*
Artikel • **bestimmter ~** • **unbestimmter ~**	Geschlechtswort	l'article • ~ défini: *le stage; l'escalier* • ~ indéfini: **un** *concert;* **une** *chanson*
Aussagesatz		la phrase déclarative: *Ce soir, on fait la fête.*
Bindung		la liaison: *les_infos*
Demonstrativbegleiter	hinweisendes Fürwort	le déterminant démonstratif/l'adjectif démonstratif: *ce/cet/cette/ces*
Ergänzung		le complément: *le portable* **de Léo**; *Amandine montre son portable* **à Léo**.
Ergänzungsfrage	Teilfrage / Frage mit Fragewort / Wortfrage / W-Frage	l'interrogation partielle: **Où** *est mon appareil photo?* *A* **quelle** *heure arrive le train?*
Femininum	weibliches Geschlecht	le genre féminin: **une** *ville;* **la** *petite ville*
Fragesatz		la phrase interrogative: *Qui est-ce?*
Futur composé	zusammengesetzte Zukunft	le futur composé: *Demain, il* **va acheter** *des chips.*
Grundzahlen	Kardinalzahlen	les chiffres / les (adjectifs) numéraux cardinaux: *un, deux, trois, quatre …*
Imparfait (G 10, 12)	Imperfekt / Präteritum	l'imparfait: *je rêvais, nous faisions*
Imperativ (G 13, 14, 30)	Befehlsform	l'impératif: *Bois./Finissons./Calmez-vous.*
Indirekte Frage (G 16)	wiedergegebene Frage	l'interrogation indirecte: *Elle* **demande si** …
Indirekte Rede (G 16)	wiedergegebene Rede	le discours indirect: *Il* **répond que** …
Infinitiv (G 7)	Grundform	l'infinitif: *être; chercher; vendre; faire*
Inversionsfrage (G 26)	Frage durch Umstellung der Satzglieder	l'interrogation par inversion: *Où* **habites-tu**? *Que* **faites-vous** *demain* ?

cinquante-trois **53**

Anhang

Verwendete Begriffe	Entsprechungen	Französische Bezeichnungen und Beispiele
Komparativ *(G 21)*	erste Steigerungsstufe	le comparatif: *Johnny est **plus** grand **qu'**Estelle.*
Konjugation	Beugung (des Zeitwortes)	la conjugaison: *je cherche, tu cherch**es**, etc.*
Konsonant	Mitlaut	les consonnes: *b; c; d; f; g …*
Maskulinum	männliches Geschlecht	le genre masculin: ***un** jeu*
Nomen (Substantiv)	Hauptwort / Namenwort	le nom / le substantif: *le **festival**; la **danse***
Objekt • **direktes ~** • **indirektes ~**	Satzergänzung •Akkusativobjekt •Dativobjekt	le complément d'objet: • ~ direct: *Estelle aime **le rock**.* • ~ indirect: *Johnny montre sa guitare **à Dany**.*
Objektpronomen • **direktes ~** • **indirektes ~**	Fürwort als • direktes Objekt • indirektes Objekt	le pronom objet: • ~ direct: *Dany **le** trouve super.* • ~ indirect: *Elle **lui** montre sa batterie.*
Personalpronomen	persönliches Fürwort	le pronom personnel (sujet): *je, tu, il, elle …*
Plural	Mehrzahl	le pluriel: ***les** affaires*
Plusquamperfekt *(G 29)*	Vorvergangenheit	le plus-que-parfait: *Le film **avait commencé**.*
Possessivbegleiter	besitzanzeigendes Fürwort	le déterminant possessif / l'adjectif possessif: ***mon/ton/son** … copain*
Präposition	Verhältniswort	la préposition: ***à** Toulon; **de** Paris; **sur** le lit*
Präsens	Gegenwart	le présent: *Aujourd'hui, Luc **est** à Avignon.*
Pronomen *(G 25)*	Fürwort	le pronom : *Tu **en** prends. Elle **y** va.*
Relativpronomen *(G 1)*	bezügliches Fürwort	le pronom relatif: ***qui/que/où***
Reflexivpronomen *(G 5)*	rückbezügliches Fürwort	le pronom réfléchi: ***me, te, se, nous, vous***
Singular	Einzahl	le singulier: ***une** équipe*
Subjekt	Satzgegenstand	le sujet: ***Lauretta** joue un rôle très drôle.*
Superlativ *(G 21)*	höchste Steigerungsstufe	le superlatif: *Johnny est **le plus** grand du groupe.*
Teilungsartikel		l'article partitif: *Didier mange **de la** glace.*
unverbundene Personalpronomen		Les pronoms personnels disjoints: ***Moi**, je préfère le rap.*
Verb • **regelmäßiges ~** • **unregelmäßiges ~** • **reflexives ~**	Tätigkeitswort/Zeitwort	le verbe: • ~ régulier: *cherch**er**; atten**dre*** • ~ irrégulier: ***devoir; vouloir*** • ~ pronominal: ***se** dépêcher; **s'**amuser*
Verneinung		la négation: *Simon **n'**est **plus** avec Marine.*
Vokal	Selbstlaut	les voyelles: *a; e; i; o; u; y*

54 cinquante-quatre

Anhang

Stichwortverzeichnis

	Seite		Seite
Adjektive		**Indirekte Frage**	31
• auf *-if/-ive, -eux/-euse*	27	**Indirekte Rede**	31
• Komparativ und Superlativ	36	**Infinitivsatz**	15
• Steigerung des Adjektivs *bon*	36	**Inversionsfrage**	39
Adverbialpronomen		**Komparativ**	36
• *en*	38	**Ländernamen**	37
• *y*	38	*ne ... personne*	32
Artikel (bei Ländernamen)	37	*passé composé* (reflexive Verben)	17
boire	15	**Personalpronomen** (unverbunden)	11
bon (Steigerung)	36	**Plusquamperfekt**	45
ce que	49	*pour* + Infinitiv	15
ce qui	49	*pouvoir*	33
chacun/chacune	39	**Präpositionen** (bei Ländernamen)	37
conduire	36	**Pronomen** (*chacun/chacune*)	39
en	38	*qu'est-ce qui / qu'est-ce que*	48
être en train de faire qc	16	*qui est-ce qui / qui est-ce que*	47
Frage		**Reflexive Verben**	
• nach Personen	47	• Präsens	14
• nach Sachen	48	• *passé composé*	17
• Inversionsfrage	39	**Relativpronomen** (*qui / que / où*)	10
Imparfait		*savoir*	33
• Bildung	21	**Superlativ**	35
• Gebrauch	23	*tout*	13
• Gebrauch von *imparfait* und *passé composé*	24	*venir de faire qc*	16
Imperativ		**Verneinung** (*ne ... personne*)	32
• verneint	25	*vieux*	40
• mit einem Pronomen	26	*y*	38
• mit zwei Pronomen	46		

Lösungen

Seite 20

Révisions 1

A *boire*

1. on boit 2. nous buvons 3. je bois

B **Verben auf *-ir***

a 1. ils choisissent 2. choisir 3. on choisit 4. je choisis; vous le choisissez

b 1. réfléchissons/réfléchissez 2. j'ai réfléchi

c 1. le groupe finit 2. ils ont choisi 3. les gens applaudissent; Johnny a fini

C **reflexive Verben**

a 1. Félix se réveille; il se lève; il ne se douche pas; il ne s'habille pas; il se dépêche

2. nous nous réveillons; nous nous levons; nous ne nous douchons pas; nous ne nous habillons pas; nous nous dépêchons

b 1. il s'est couché 2. il s'est réveillé 3. il s'est dépêché, sa mère s'est occupée 4. ils se sont retrouvés

5. tout le monde s'est amusé 6. Mme Keck ne s'est pas énervée.

D **Begleiter *tout, toute, tous, toutes***

1. tous les jeunes 2. tous les jours 3. tous les garçons; toutes les filles 4. toute la semaine

5. tout le monde

E **unverbundene Personalpronomen**

1. pour toi; avec moi/nous 2. sur moi 3. et vous; avec nous 4. toi; moi

F **Relativpronomen**

que, qui, qu', où – C'est la Fête de la Musique.

Seite 30

Révisions 2

A *imparfait*

a

1. nous donnons	→ je donnais	nous donnions	ils/elles donnaient
2. nous téléphonons	→ je téléphonais	nous téléphonions	ils/elles téléphonaient
3. nous crions	→ je criais	nous criions	ils/elles criaient
4. nous sommes	→ j'étais	nous étions	ils/elles étaient
5. nous écrivons	→ j'écrivais	nous écrivions	ils/elles écrivaient
6. nous faisons	→ je faisais	nous faisions	ils/elles faisaient
7. nous avons	→ j'avais	nous avions	ils/elles avaient
8. nous nous douchons	→ je me douchais	nous nous douchions	ils/elles se douchaient
9. nous prenons	→ je prenais	nous prenions	ils/elles prenaient
10. nous dormons	→ je dormais	nous dormions	ils/elles dormaient
11. nous finissons	→ je finissais	nous finissions	ils/elles finissaient
12. nous mangeons	→ je mangeais	nous mangions	ils/elles mangeaient
13. nous commençons	→ je commençais	nous commencions	ils/elles commençaient

b 1. C'était l'été. 2. Je passais 3. Je faisais 4. Je lisais, j'écrivais, je rêvais 5. Mes parents faisaient, j'étais
6. Mais nous avions 7. Elle avait

B *imparfait* **und** *passé composé*

1. C'était 2. Il était 3. les Lopez prenaient 4. Antoine dormait 5. on a sonné 6. C'était 7. Antoine s'est levé et il s'est douché. 8. il n'a pas pris; il a fait 9. tous les jeunes sont partis 10. Ils n'ont pas raté

C **Imperativ**

1. Monte/Montez les escaliers. 2. Va/Allez tout droit. 3. Ne tombe pas./Ne tombez pas.
4. Ne regarde pas derrière toi./ Ne regardez pas derrière vous. 5. Ouvre/Ouvrez les yeux.
6. Gagne/Gagnez le match.

56 cinquante-six